Auf Bewusstseinstour!

LIEBE UND LEBE
WAS DU BEREITS HAST!

DIE RÜCKKEHR IN DEN ZAUBERWALD

**Die Rückkehr in den Zauberwald
ist eine praktische Erkenntnisreise,**

die zu den kostbaren Geschenken der individuellen
Gaben, Talente und Fähigkeiten führt.

Diese werden mithilfe einer bewährten Methode definiert
und als Erfolgsrezepte das Leben der Beschenkten bereichern.

***Selbsterkenntnis, Selbstvertrauen,
Selbstbewusstsein, Pracht***

Entdecke dich und WERDE WIRKLICH glücklich!

Mighty & LunaBlue-LighthouseFamily

Wahrlich, ich sage euch, wenn ihr nicht umkehrt und werdet wie die Kinder!

(Matthäus 18:3)

Für unsere Schüler,

die Ihr unsere hochgeschätzten Gäste seid:

Ihr sollt reich und gesund bewirtet sein!

Für Euch das Kostbarste.

„Wissen ist wie Licht, es vertreibt die Dunkelheit."

(Ramtha)

Von den Autoren:

Die Autoren – studierte und erprobte Lehrer der Germanistik, hier v. a. der Mythologie, außerdem Lehrer der Bildenden Kunst und Kunstpsychologie – können für den Erfolg dieser Bewusstseinsreise im ‚Zauberwald' garantieren. Ihre Methodik hat sich bewährt, der Inhalt, den sie überreicht, als wahr und darum im höchsten Maße heilend herausgestellt. Dennoch ersetzt ‚Die Rückkehr in den Zauberwald' keinen Arzt. Für eventuelle Nachteile oder Schäden - wiewohl bis dato nicht bekannt - die aus den im Buch gegangenen praktischen Schritten folgen, können wir keine Haftung übernehmen.

IMPRESSUM

Coverbild: Antje Torff - *Dein eigenes Traumbild als gemaltes Unikat:* **www.antjetorff.de**

Grafikdesign: Victoria Sokolinskaia: **www.vikush-art.de, vikush.art@gmail.com**

Text, Bilder und Illustrationen: Maike F. Janne

Fotos: S. 146: Carolin T., S. 148: Gerd F.

Lektorat: *Die Zeichenmanufaktur,* Projektmanagement Gerald Weitenhagen

Herstellung und Verlag: BoD – Books on Demand, Norderstedt
ISBN: 9783746024431

Im Angesicht der Tatsache,
dass wir alle Kinder des Universums sind, erlauben wir uns, euch mit du anzureden. Seines Zeichens ein Mittel, das uns auf gleiche Augenhöhe stellt und auf diese Art eine barrierefreie Aufnahmefähigkeit ermöglicht.
Vom du zum wir.

Bei Fragen zum vorliegenden Buch und/oder Anfragen zu Einzelberatungen steht eine Kontaktmöglichkeit über die folgende Adresse zur Verfügung:

www.maike-janne.com

Schreibt uns von euren erlebten Wundern!

„Stell dir vor, dass alle Menschen ihr Leben in Frieden leben. Du wirst sagen, ich bin ein Träumer, aber ich bin nicht der Einzige. Ich hoffe, dass du dich uns eines Tages anschließt und die Welt wird eins sein."

(John Lennon)

DIE RÜCKKEHR IN DEN ZAUBERWALD

„Wir suchen, was wir haben,
um zu werden, was wir sind."

„Das wunderbarste Märchen ist das Leben selbst."
(Weisheiten)

FÜR DICH,

____

(setze oben deinen Namen oder den einer anderen Person ein)

einzigartiger, WUNDERvoller Mensch, DU!

INHALT

PRÄAMBEL

Inhalt und Ziel der Rückkehr in den Zauberwald ist

DIE ENT-Deckung deiner Einzigartigkeit auf der Grundlage deiner individuellen Gaben, Talente und Fähigkeiten, für die Heilung (Heiligkeit) und Rückkehr eines glanzvollen Lebens, das sowohl deinem Reichtum als auch dem Reichtum der Menschheit dient.

„Leben an sich hat keinen Sinn.
Jeder einzelne von uns
hat (seinen) Sinn
und den bringen wir im Leben zur Geltung."

(Joseph Campbell)

In meinem Haus sind viele Wohnungen
und ich bin gegangen, um eine für dich vorzubereiten.

VORWORT

„Gnothi seauton!" ~ „Erkenne dich selbst!"

(Inschrift Apollon-Tempel, Orakel von Delphi,
Apollon: griechisch-römischer Gott der Schönheit,
Nächstenliebe, Weissagung und der Künste)

‚Die Rückkehr in den Zauberwald'

geleitet dich auf dem definierten Fundament deiner Gaben, Talente und Fähigkeiten zur Selbsterkenntnis und dem daraus resultierenden Selbstvertrauen.

Dein Selbstvertrauen führt dich zu echtem Selbstbewusstsein und letzlich zu Erfolg in vielen Lebenslagen.

Selbsterkenntnis ist der Schlüssel zum Selbstvertrauen, zum Selbstbewusstsein und zum Tor mit der Aufschrift ‚Glück'. Und: Es ist der einzige Schlüssel.

Ohne Selbsterkenntnis führt jeder Weg an der Wahrheit vorbei.

Da wo Selbsterkenntnis wirkt, ist automatisch wahre Fülle - die Fülle der Gaben, Talente und Fähigkeiten, die auf dem Weg durch den ‚Zauberwald' schrittweise aus dem engen Käfig der Verstandeslast befreit und erhoben werden.

Die Gaben, Talente und Fähigkeiten eines Individuums sind in ihrer Kombination so einzigartig, notwendig und kostbar wie gleichwohl jeder Mensch selbst - jeder!
Fehlgeleitet und somit blind gegenüber ihrem Reichtum sind Individuen lediglich durch die getrübte Wahrnehmung schlechter Konditionierungen und Denkgewohnheiten.

Diese zu ändern, indem die Gaben, Talente und Fähigkeiten in den Vordergrund rücken, ist notwendig für jeden einzelnen und tatsächlich: für den Frieden in der Welt.

Frieden muss sich in jedem Menschen und aus ihm selbst heraus entwickeln. Frieden ist von jeder einzelnen Person abhängig und beginnt mit Selbsterkenntnis.

Nur Selbsterkenntnis führt zum Glück, da die Wahrnehmung des Menschen immer selektiv ist und von seinem Selbstbewusstsein abhängt.

Die gezielte Entschlüsselung der Gaben, Talente und Fähigkeiten durch die ‚Rückkehr in den Zauberwald' verstärkt das entelechiale Grundmuster, das in jedem Wesen vorhanden ist, von ihm erkannt und genutzt werden will.

Der ‚Zauberwald' steht für das entelechiale Unbewusste, das bewusst gemacht wird und für das darin eingebettete Wunder der Selbstverwirklichung, die der griechische Philosoph Aristoteles als die „Voraussetzung für ein glücklich gelingendes Leben" beschreibt.

Der Zweck eines Wesens, so Aristoteles, besteht darin, „sich im ganzen Umkreis seiner Möglichkeiten zu verwirklichen", denn: „ein jedes Lebewesen trägt Ziel und Zweck in sich selber und entfaltet sich dieser, seiner inneren Zielstrebigkeit gemäß." Glückseligkeit respektive wahre Zufriedenheit können nur auf der Grundlage der individuellen, einzigartigen Bestimmung erreicht werden.

‚Die Rückkehr in den Zauberwald' gibt dir die einfachen Mittel, die zu dieser, deiner Bestimmung und somit zu dir selbst führen, in die Hand und zeigt dir den effektivsten Weg dorthin.

„Steh auf, Freund, lass des Ego Mond vergehn,
der neidisch ist und schon vor Grame bleich,
dass du, o Wahrheit, ihn an Schönheit übertriffst.
Es ist das Christuskind und meine Liebe!

Ach, wüsste ich doch, was ich bin,
der Glanz aus meinem Geist beschämte gar die Sterne,
wie Sonnenlicht die Lampe.
Und mein Geist im Himmel
aus luft'gen Höhen würde strahlend sich ergießen,
dass in Gesang die Welt erschallte
und nie wiederkehrt
die Nacht."

(William Shakespeare: ‚Romeo und Julia')

Die Reiseroute durch den Zauberwald

‚Die Rückkehr in den Zauberwald' führt dich innerhalb von 4 Wochen in drei Zauberwaldhaine. Innerhalb dieser 4 Wochen legst du die Samen für dein zukünftiges Leben, im Spiegel deiner höchsten Wahrheit, unter dem Siegel deiner einzigartigen Bestimmung.

Dein selbstbestimmtes Leben – eingeleitet von deinen neugewonnenen, befruchtenden Selbsterkenntnissen im Zauberwald – entfaltet sich im Anschluss dieser 4 Wochen, über einen Zeitraum von 9 spannenden Monaten, nach Art einer Schwangerschaft, an deren Ende du dich selbst in den wahren Zustand der Freude und des Vertrauens geboren hast.

„Die Menschen werden nicht an dem Tag geboren,
an dem ihre Mutter sie zur Welt bringt,
sodann, wenn das Leben sie zwingt,
sich selbst zur Welt zu bringen."

(Gabriel Garcia Màrquez:
‚Der Zauber von Macondo')

An dieser Reise teilzunehmen, bist du nicht gezwungen, ganz gewiss aber **bezwungen - von deinem *natürlichen, rechtmäßigen Drang* nach Entfaltung, Sinnhaftigkeit und Erfüllung**.

So bist du ganz freiwillig hier, an dieser ersten Stelle der Reise in dein bewusstes Leben, das sich dir mit 3 fabelhaften Zauberwaldhainen eröffnet.

Mit deinen ersten 4 Wochen in den 3 Hainen legst du den Grundstein für das Fundament, auf dem deine nahrhaftesten, ergiebigsten und schönsten Früchte wachsen:

Im ersten Zauberwaldhain definieren und aktivieren wir deine Gaben, Talente und Fähigkeiten so, dass sie dich mit weitreichenden AHA-Erlebnissen befruchten.

Im zweiten Zauberwaldhain etablieren wir deine entdeckten Gaben, Talente und Fähigkeiten in das offene Feld deiner Dankbarkeit und tragen dafür Sorge, dass weitere Geschenke gedeihen.

Im dritten Zauberwaldhain stärken wir die Früchte deiner gewonnenen Selbsterkenntnis und integrieren sie in deinem bewussten Bewusstsein, damit sie geschützt, gesund, vertrauensvoll und zunehmend klarer heranreifen.

Während deiner Reise zu dir ab Woche 4 erwirbst du die Schatzkarte für die kommenden 9 Monate und das ist es, wohin diese dich führen wird, das ist es, was dir bevorsteht und was du gleichzeitig *jetzt schon* bist:

„Jeder Mensch, der geboren wird,
hat ein unglaubliches Kapital an Kreativität,
jeder Mensch, der geboren wird,
ist mit dem Ursprung, mit dem Kosmos verbunden.

Er ist quasi noch im Paradies. Das ist ein Garten Eden von unglaublichem Ausmaß, eine Unendlichkeit, so unendlich wie der Sternenhimmel.

Jeder Mensch ist so verschieden von den anderen wie ein Stern vom anderen."

(Friedensreich Hundertwasser)

Zu Beginn jedes Reiseabschnitts - der dich jedes Mal ein Stück weiter hinauf zu DEINEM Stern bringt - werden dir dessen Zeitrahmen und ‚Navigationsinstrumente' genannt. Diese sind leicht zu bedienen und benötigen keine Vorkenntnisse. Auch die einzelnen ‚Zauberschritte' nehmen nicht viel Zeit in Anspruch und können im Alltagsleben problemlos angewendet werden.

Lies dir bitte jeden einzelnen 'Zauberschritt' bis zum Ende durch, wenn nötig mehrmals, ehe du ihn in die Praxis umsetzt!

Auf den **Seiten 144/145** dieses Buches befindet sich **eine Zusammenschau** über die Dauer und das Material aller Reiseetappen und ihrer Schritte.

Vor allem die ersten zwei Wochen ‚im Wald' mögen deine Konzentration auf die Probe stellen, doch im gleichen Maße, wie du dich gerade dieser (eventuellen) Herausforderungen annimmst, wird deine Kraft wachsen. Bereits das Lesen der Informationen jeder Zauberstufe, auf der du dich befindest, eröffnet dir neue Horizonte. Versprochen!

In jedem Zauberwaldhain stehen dir - außer den in ihnen ohnehin bereits vorhandenen Kräften - KRAFTVERSTÄRKER zur Verfügung. Diese müssen nicht, können aber jederzeit zusätzlich von dir genutzt werden, insbesondere wenn du eher als angegeben fertig wirst oder dich unsicher, unglücklich oder sogar krank fühlst. Du erhältst diese **KRAFTVERSTÄRKER ab Seite 111**.

Zur bleibenden Erinnerung deiner Rückkehr in den Zauberwald - **deiner AHA-Erlebnisse und Glücksmomente** - steht dir die Möglichkeit offen, **ein Logbuch der Wunder** zu führen. Mehr dazu auf **Seite 92**.

Spätestens am Ende dieser, deiner wundervollen Entdeckungsreise wirst du das folgende Glücksrätsel lösen können:

Glücksrätsel

Wo befindet sich der Zauberwald?

„Ich rate dazu, dass wir versuchen, über diesen ‚gesunden Menschenverstand' hinaus zu denken – denn ich bin der festen Überzeugung, dass Menschen, die solche Ansichten haben, aus dem politischen und wirtschaftlichen Chaos der Welt als neue Führungspersönlichkeiten hervorgehen und die Menschheit zum wahren Glück leiten können." (Ryuho Okawa)

Sachdienliche Hinweise:

Der Zauberwald atmet. Im Zauberwald lebt es. In ihm existiert sehr viel mehr, als auf den ersten Blick erscheinen will: Verborgenes und Offensichtliches, Klares und sehr Unklares. Im Zauberwald lebt alles. Einiges muss heraufgeholt werden. Es verbirgt sich aus Angst vor Demütigung, Schmerz und Enttäuschung. Hier gibt es viele Plätze und noch mehr Wege und Möglichkeiten, allgemeine und besondere, doch nichts ist neutral. Alles besitzt seinen eigenen Zauber. Jeder kann selbst entscheiden, welche Orte er besucht: helle, graue oder tiefschwarze. Kein Besuch währt ewig.

Wohin man gelangt, entscheidet der Grad an innerem Frieden im Einklang mit den individuellen Gaben, Talenten und Fähigkeiten, die nachhaltig zum Einsatz kommen wollen. Von ihnen geht die größte Macht aus.

Zauberwaldhain 1 / Woche 1

Dieser erste Zauberwaldhain dient deiner Zuversicht. In ihm beginnst du, dich zu entdecken, indem du dir deine Gaben, Talente und Fähigkeiten so vor Augen führst, dass deren Vorhandensein in deinem Leben bekräftigt wird und sich Dankbarkeit entwickelt.

„Es ist nicht so, dass es Menschen mit und ohne Willenskraft gibt.
Es gibt Menschen, die sich verändern wollen
und solche, die es nicht wollen."

(James Gordon)

Die gute Nachricht lautet: **Du musst dich gar nicht verändern!** Niemand muss das. Auch diejenigen nicht, die es wollen, weil sie glauben, es bestünde dazu eine Notwendigkeit. Die einzige, für die absolute Lebensfreude unabdingbare *Kreatürlichkeit* besteht darin, dich selbst zu entdecken - in des Worts schönster Bedeutung: entdecken -

Entdecken = aus der angstbasierten Deckung gehen, sich (wieder) aufdecken, die Wahrheit zeigen.

Die Wahrheit trägt immer Fülle in sich, auch deine Wahrheit.

Wenn du deine Wahrheit zeigst, aus deiner angstbasierten Deckung gehst, dich so lebst, wie DU gemeint bist, fühlst du dich glücklich: sicher, beschwingt; enthusiastisch, genau in deiner Mitte.

Du strahlst, bist kreativ und voller Schaffenskraft. Das Leben ist leicht, es macht Spaß und so verspürst du auch das *natürliche* Bedürfnis zu geben.

Wenn du deine Wahrheit zeigst; aus deiner angstbasierten Deckung gehst, dich so lebst, wie du gemeint bist, bleibst du selbst dann, wenn das Leben schwierig ist, fest im Glaube-Hoffnung-Liebe-Boden verankert.
Du BIST, ganz im Sinn deiner Entdeckung, aufgeschlossen für das Leben.

Umgekehrt: lebst du deine Wahrheit nicht, besteht das Leben für dich aus Verzagtheit, Antriebslosigkeit und Schlaffheit, Langeweile, Schuld- und Minderwertigkeitsgefühlen, allen möglichen Formen von Depressionen: kurz gesagt - aus Angst.

Lebst du deine Wahrheit *nicht*, bist du IN Deckung = engstirnig, problemorientiert, angstbasiert.

Die große Frage lautet: Was ist DEINE Wahrheit?

Um das herauszufinden, musst du KEINE Seminare, KEINE Webinare, KEINE Kurse, KEINE Psychologen und KEINE MEDIEN besuchen, auch KEINEM Verein beitreten.

Du musst noch nicht einmal meditieren, obwohl dies sehr zu empfehlen ist. (dazu z. B. Seite 97: *Stell dir vor*) Die einzigen Investitionen, die du tatsächlich tätigen musst, sind:

1. Zeit für dich, damit du dich wahrhaftig triffst
2. drei Blatt Papier und
3. ein Stift.

Sobald du diese drei in deine Hand nimmst, beginnt deine Entdeckung:

---

1. Zauberschritt *(ca. 30 Minuten innerhalb von 3 aufeinanderfolgenden Tagen)*

Tag 1 - 3 *Datum von:* ___________ *bis:* ___________
Du brauchst: Papier, einen Stift, einen Alarm

„Vom Glück verfolgt werden
Können wir das erreichen?
Nein, denn Glück ist Gnade. Es erreicht mich, wenn ich aufhöre,
mich dem mir Geschenktem zu widersetzen.“

(Wolf Schneider)

<u>*So widersetze dich nun nicht länger, sondern:*</u>

Nimm dich, drei Blatt Papier und einen Stift und schreibe folgende Überschrift:

Blatt 1: Meine Gaben
Blatt 2: Meine Talente
Blatt 3: Meine Fähigkeiten

Nummeriere die Blätter in ihrer chronologischen Reihenfolge mithilfe von Seitenzahlen 1, 2, 3 und setze im Text fort:

Zauberwaldauftrag: Nimm dir ein wenig Zeit für dich und schreibe in Stichworten **je 3 Geschenke** unter die Überschrift jedes Blatts! Lies zuvor folgende Hintergrundinformation:

Deine Gaben, Talente und Fähigkeiten sind das Fundament all deiner Möglichkeiten. Sie sind alles, was du hast und zukünftig noch haben wirst: deine Geschenke.

Jeder einzelne Mensch ist mit diesen, seinen individuellen Gaben, Talenten und Fähigkeiten; seinen Geschenken ausgestattet, gesegnet, denn sie dienen dem Frieden, dem Erreichen der Lebensziele und sind dabei zugleich Kompass und Reiseproviant auf dem Weg durch den Zauberwald.

Sie sind die große Wahrheit auch deines Lebens, die Samen deines Glücks, die du mithilfe deiner bewussten Aufmerksamkeit aufgehen lässt.

Zu deinen Gaben

Deine Gaben sind alles, was dir an Äußerlichkeiten gegeben ist, angefangen z. B. bei deinen schönen Händen bis hin z. B. zu deinem Auto etc. Auch – und diese Tatsache ist besonders wichtig – Menschen, Tiere und Pflanzen, die dir am Herzen liegen, gehören zu deinen Gaben. Über wen und was freust du dich in DEINEM Leben, hier, auf dieser Erde? Triff keine abschätzende Wertung über deine Gaben, sondern freue dich, dass sie dich erfreuen!

Zu deinen Talenten

Deine Talente sind alle Dinge, die du gut kannst, einerlei, ob andere sie auch und vielleicht besser beherrschen als du. Zu deinen Talenten können z. B. Singen und Tanzen gehören oder Fahrrad reparieren, Regale bauen, Kochen, Backen etc. – Was macht dir Spaß, wobei blühst du auf, hier, in DEINEM Leben auf dieser Erde? Triff kein ihren Wert verkennendes Urteil über deine Talente, sondern sei froh, dass sie in deinem Leben vorhanden sind!

Zu deinen Fähigkeiten

Deine Fähigkeiten umfassen alles, was du bisher gemeistert hast und worauf du stolz bist, es erreicht zu haben, egal wie unbedeutend es anderen eventuell erscheinen mag. Was konntest du in DEINEM Leben, hier, auf dieser Erde, schon alles lernen und bewältigen? Verhänge keine deinen eigenen Wert schmälernde Zensur deiner Fähigkeiten, sondern sei glücklich, dass du sie erreicht hast!

Zaubervertiefung:
Beginne dir nun deiner Gaben, Talente und Fähigkeiten bewusst zu werden. Suche und finde dafür einen geschützten Ort, an dem du dich bewegen und abschließend schreiben kannst. Empfohlen werden deine Privaträume, da dir deine Gaben, Talente und Fähigkeiten hier am nächsten sind.

Wenn dir wenig Platz zur Verfügung steht, tigere hin und her. Ist es dir nicht möglich umherzulaufen, folge deiner Vorstellungskraft im Sitzen oder Liegen und entspanne dich so gut wie möglich.

Das Gehen und deine nun folgende innere Wahrnehmung unterstützen deine Gehirnaktivitäten und deinen bewussten Aufmerksamkeitsfokus als eine Art Lernspaziergang durch den Zauberwald, der dich in die richtige Richtung führt.

Lege zuvor das Schreibmaterial (die drei beschrifteten und nummerierten Blätter und einen Stift) griffbereit.

Lies zunächst Teil **a** und führe ihn aus, ehe du dich Teil **b** zuwendest und zum Schluss Teil **c**.

Mit jedem Häkchen, das du in die nachfolgenden Kästchen hinter den von dir vollbrachten Stufen a, b, c einträgst, siehst du, dass du deinem natürlichen Reichtum und Lebenserfolg um eine weitere Zauberwaldlänge nähergekommen bist.

***Wichtiger Hinweis vorweg:* Alle nachfolgend von dir vollbrachten Schriftstücke gut verwahren! Betrachte sie als aktiv für dich arbeitende Reisesouvenirs, die dir zukünftig von größtem (Zauber-)Nutzen für deinen Weg durch den Wald sind.**

Jede Stufe nimmt ungefähr 10 Minuten in Anspruch. Sie müssen nicht an einem Tag erklommen, sondern können an 3 aufeinanderfolgenden Tagen unternommen werden.

Solltest du eher fertig werden, sprich zwei oder gar alle drei Stufen auf einmal nehmen, fülle den Rest der Zeit mit **KRAFTVERSTÄRKERN (ab Seite 111)**. Unternimm *keinen* weiteren Zauberschritt, bevor die 3 Tage nicht vollendet sind, da der Übungseffekt darin besteht, diese mit dem ersten zu verbringen. Ein weiterer Kraftverstärker ist, immer wieder zu deinen ersten drei Schriftstücken zurückzukehren, um dich an deren Inhalt zu erfreuen.

a) Deine Gaben - über wen und was freust du dich?

Stelle dir einen Alarm von **7 Minuten**. Gehe in dieser Zeit in dich, indem du umherläufst oder die Augen schließt. Öffne dabei dein Bewusstsein für deine Gaben! Es empfiehlt sich, oben anzufangen und dich entlang deines Körpers - vom Kopf bis zu den Zehen - voranzubewegen. Danach links und rechts (Schultern, Arme, Hände etc.) ebenso berücksichtigen. Und – nicht vergessen – alle Lebewesen und Dinge, die dir am Herzen liegen!

Wenn es dir schwer fällt, deine **Gaben** mental zu erfassen, setze vor jede, die dir in den Sinn kommt, ein ‚Ich liebe meine/meinen …' oder ein ‚Ich mag meine/meinen …'. Schau dich dafür (real oder vorgestellt) auch in deinen Räumen um.

Solltest du unkonzentriert abschweifen, gib dir einen Ruck und kehre entschlossen zum Geschenk deiner Gaben zurück, einerlei wie sie sich dir präsentieren; mental, emotional, visuell oder alles in einem.
7 Minuten: Gaben-Gehen … JETZT!

Nummeriere nun mit Muße; ohne Eile, Seite 1 (Blatt 1) untereinander von 1 – 3 wie folgt:

<u>Meine Gaben</u>

1.
2.
3.

Schreibe abschließend in Stichworten **die ersten 3 Gaben** auf, **die dir einfallen**, ***unabhängig* davon, wie viele dir während der vorangegangenen 7 Bewegungsminuten zu Bewusstsein gekommen sind.** Sei so spontan wie möglich! Überlege nicht, welche Gabe wichtiger sein könnte als die andere und unbedingt auf diese Liste müsste. Es gibt keine Rangordnung.

<u>Schreibe Stichworte mit Adjektiven wie z. B.:</u>

1. *markantes* … ,
2. *schöne* … ,
3. *liebes* etc.

3 spontane Gaben aufschreiben, *nicht* mehr! **– JETZT!**

Wiederhole diesen Teil a NICHT und ändere nichts, selbst wenn du meinst, dass er dir hätte besser gelingen können! Einfach im Kästchen ein Häkchen setzen: ☐ **Fertig.**

Es handelt sich um eine Übung, die wir mit Teil b fortsetzen:

b) Deine Talente - was macht dir Spaß, wobei blühst du auf?

Stelle dir erneut einen Alarm von 7 Minuten. Setze deinen ‚Lernspaziergang' fort; gehe in dich und sende in diesem Zeitraum deine **Talente** auf deinen inneren Bildschirm! Sei dabei nicht bescheiden, aber ehrlich zu dir und führe eine Art stummes Selbstgespräch, frage dich **z. B.**:

**‚Was kann ich gut? Was macht mir Spaß?
Wobei blühe ich auf,
wofür engagiere ich mich gerne,
wobei vergesse ich die Zeit?'**

---

7 Minuten: Talente-Gehen … JETZT!

Nummeriere abschließend mit müßigem Bedacht, ohne Eile, Seite 2:

<u>Meine Talente</u>

1.
2.
3.

Schreibe zum Schluss in Stichworten spontan die **3 Talente** auf, **die dir als erstes einfallen.** Verwende Stichpunkte mit Adjektiven wie **z. B.**:

1. *super … Talent*
2. *tolle …*
3. *begeisterter …*

---

3 spontane Talente aufschreiben! JETZT!

Auch für den beendeten Teil b gilt: Wiederhole ihn NICHT und ändere nichts, selbst wenn du meinst, dass er dir hätte besser gelingen können. Im Kästchen das Häkchen setzen: ☐

Wir setzen diese Übung mit Teil c fort:

c) Deine Fähigkeiten - was konntest du schon alles lernen, bewältigen oder erreichen?

Beende diese insgesamt drei Listen mit dem letzten 7-minütigen ‚Lernspaziergang'. Halte dir dabei deine **Fähigkeiten** vor Augen! Werde dir innerlich bewusster darüber, was du schon alles erreicht hast und bist! Das fällt dir umso leichter, je mehr du dich auf deine subjektiven Reichtümer besinnst, auf das, was dir Freude bereitet, worauf du stolz bist:

Schau dich (real oder in Gedanken) um und sieh, was von deinem Besitz ein Symbol deiner erfolgreichen Erfahrungswege ist. Dazu zählen auch solche, die dir noch unvollendet erscheinen. Was zählt ist: du bist auf dem Weg. Und: bleibst.

Alarm von 7 Minuten stellen! - Geschenke der Fähigkeiten (ab-)gehen ... JETZT!

Es erfolgt die genussvolle Nummerierung von Seite 3.

<u>Meine Fähigkeiten</u>
1. …

Wiederhole den letzten Punkt auch mit deinen **Fähigkeiten: die ersten 3**, die dir einfallen, schriftlich fixieren, wie **z. B.**:

erfolgreicher Abschluss in …
oder bestandene …
Prüfung, anerkannter … etc.

---

3 Fähigkeiten aufschreiben! JETZT ...
Und: Häkchen setzen: ☐

Damit sind diese Listen aber natürlich noch lange nicht erschöpft. Dir ist klar:

Je mehr Zeit du in dich, in die Entdeckung deines Selbst investierst, desto mehr entdeckst du das, was bereits gegeben IST, angelst es aus dir, dem Meer der Fülle heraus. Proportional dazu wächst dein Glücksempfinden, gleichsam dein Lebenserfolg.

<u>Tatsache ist:</u>
Diese Listen sind nie fertig. Je genauer du hinschaust, je intensiver du dich mit ihnen/dir beschäftigst, desto länger werden sie. Das erreichen wir mit dem 2. Zauberschritt. Wir bekräftigen das, was du bis jetzt von dir entdecktest, sodass es nicht wieder in der Versenkung verschwindet. Wir polieren deine Perlen:

2. Zauberschritt *(ca. 60 Minuten innerhalb von 3 aufeinanderfolgenden Tagen)*

Tag 4 - 6 *Datum von:* ____________ *bis:* ____________

Du brauchst die Seiten 1 – 3 deiner Stichwortlisten, 3 (dich ansprechende) Blatt Papier A4 oder ein (neues) A4-Notiz/Tagebuch, einen Schönschrift-Stift (einen Füller oder einen gut gespitzten Grafitstift), einen Alarm, (Quell-)Wasser

Zauberwaldauftrag: Nimm die Seiten 1, 2, 3 deiner Gaben, Talente und Fähigkeiten zur Hand und notiere noch einmal, dieses Mal in Schönschrift, deine bislang entdeckten 9 Geschenke. Ergänze diese Listen, sobald die nächsten Geschenke nachrücken. Auch dieser 2. Zauberschritt kann mit Pausen vollzogen werden, sollte jedoch nicht mehr als an drei aufeinander folgenden Tagen in Anspruch genommen werden, da der zusammenhängende Fluss der Übungen ansonsten zunehmend verebben würde. Solltest du **eher als an drei Tagen fertig** werden, besinne dich wiederum auf die **KRAFTVERSTÄRKER (ab Seite 111)**. Gehe keinen Schritt weiter, bevor die 3 Tage nicht beendet sind! Lies zuvor Folgendes:

Die Vorgehensweise Pause-oder-nicht-Pause ist von deinem individuellen Temperament und natürlich von deinem Alltag abhängig. Bedenke dabei: Jede Stufe verleiht dir den für dein (Alltags-)Leben notwendigen Reichtum an Energie und das im zunehmenden Maß, je mehr KRAFTVERSTÄRKER du darin einbeziehst.

- Sorgfältiges Schreiben verlangsamt deine häufig übereinander stolpernden Gedanken und bringt sie hin zum Wesentlichen. Durch handschriftliche Aufzeichnungen gewinnst du neue Erkenntnisse und holst Verborgenes aus der Dunkelheit ans Licht. Das Schreiben mit der Hand vertieft zugleich deine Wahrnehmung und dein Bewusstsein. Es schärft deinen Blick und verfeinert deine (Selbst-)Erkenntnis, weil du konzentrierter in dich hineinhörst.[1]

- Deine Hände besitzen sozusagen ihr eigenes Gedächtnis (manche Worte lernt man nur durch das ‚Handgedächtnis' zu schreiben, u. a. weil sie sich nicht herleiten lassen, wie z. B. das ‚Wörtchen' UND). Das ‚Handgedächtnis' entspringt der sehr engen Verknüpfung von Nervenbahnen bzw. den neuronalen Verbindungen zwischen Fingern und Hirn. Alles, was du **buchstäblich** im handschriftlichen Sinne wiederholt festhältst, prägt sich dir wesentlich nachdrücklicher ein, je langsamer, aufmerksamer, konzentrierter, desto (tiefen-)wirksamer und das betrifft vor allem die hingebungsvolle Fixierung deiner Gaben, Talente und Fähigkeiten. Das handschriftliche Aufzeichnen ihrer ermöglicht dir einen wesentlich leichteren,

bewussteren Zugang zu diesen, **deinen GESCHENKEN**, sodass dein Selbst, dein Selbstvertrauen und dein Selbstbewusstsein wachsen. Auf direktem Fuße folgt ihnen dein WAHRER Lebenserfolg: **Lebensqualität – Schönheit!**

Schätze den Wert deiner Gaben, Talente und Fähigkeiten und die Wirksamkeit ihrer handschriftlichen Fixierung hoch! Du bist in deren Kombination so einmalig und unwiederbringlich wie deine Handschrift selbst. Die Einzigartigkeit deiner Handschrift ist Beweis genug für deine eigene Kostbarkeit. So vergleiche sie/dich nie mit anderen, sondern widme dich ihrer/deiner Verfeinerung bzw. perfekten Justierung!

- Viele Menschen haben ein ebenso verfälschtes Bild von ihrer Handschrift wie von ihrer eigenen Stimme, das heißt, sie mögen sie nicht. Dabei zeigt allein die Tatsache, dass jede Handschrift ein Unikat ist, deren Wert!

- Vergleiche mit anderen führen zu nichts, denn auch sie sind so einzigartig wie du selbst. Wir *alle* sind Wunder!

DEINE Wunder bringst du dadurch zum Ausdruck, dass du dich ihren bewusst zuwendest, indem du deinen Gaben, Talenten und Fähigkeiten deine liebende Fürsorge in Form ihrer handschriftlichen Aufzeichnung schenkst. Beachte dabei: Alles, worauf du deine Aufmerksamkeit richtest, nimmt zu - sowohl im guten wie im schlechtesten Sinn! Im guten Spiel deiner Gaben, Talente und Fähigkeiten steigt die bewusste Wahrnehmung dessen, was das Leben dir bereits - bis JETZT - geschenkt hat (unabhängig aller Widrigkeiten) und weitere Geschenke folgen. Versprochen! *Was du hast, das wirst du sein; schreibe dich in die Fülle hinein:*

Zaubervertiefung:
Suche und finde einen Platz, an dem du entspannt sitzen und schreiben kannst. Lege dir dort deine Utensilien (**Seite 28**: *Du brauchst …*) zurecht. Nimm diesen Platz in Anspruch und führe den folgenden kurzen Schritt aus:

Unterstreiche auf den Seiten 1 – 3 deiner Aufzeichnungen das von den 3 dort vermerkten Geschenken, das dir momentan (!) am wichtigsten ist. Dir stehen für diesen Zauber 60 Sekunden zur Verfügung. Lies nicht eher weiter, bis du diesen Zauber ausgeführt hast!

***Eine* schöne Gabe, *ein* schönes Talent, *eine* schöne Fähigkeit, <u>60 Sekunden</u>! JETZT!**

<u>Fußnote</u> *(Seite 28)*

1. Das Universalgenie Leonardo da Vinci erreichte durch stetige Wiederholungen den Gipfel der handschriftlichen Kunst: Er konnte mit beiden Händen gleichermaßen flüssig schreiben, obendrein von rechts nach links und das sogar in Spiegelschrift. Auf diese Weise synchronisierte er seine beiden Gehirnhälften, erlangte eine höhere Wahrnehmung und eine bewusstere Aufnahme- und Speicherkapazität.

Nimm nun dein Blatt Papier A4 oder dein dich ansprechendes A4-Notizbuch sowie deinen besonders flüssig schreibenden Stift und folge sorgfältig den Stufen a – c:

a) Schreibe in Schönschrift folgende Überschrift:

Blatt 1: Meine Gaben
Nummeriere das Blatt mit der **Seitenzahl 4**.

▪ Schreibe anschließend unter diese Überschrift, die von dir unterstrichene Gabe mit ihren Adjektiven bzw. näheren Beschreibungen, indem du sie in einen vollständigen Satz kleidest. Schreibe mit Bedacht und in Schönschrift. Schreibe z. B.:

Ich liebe ... , Ich habe wundervolle ... ,
Ich besitze ein ausgesprochen schönes ...
oder andere Formulierungen deiner Wahl.[2]

Schreiben ... und **Häkchen** setzen: ☐

(ein neues!) Blatt 2: Meine Talente
(**NICHT** die Rückseite von Blatt 1 verwenden!)

Nummeriere das Blatt mit der **Seitenzahl 5**.

Verfahre mit deinen Talenten ebenso wie mit deinen Gaben und setze das von dir unterstrichene Talent unter diese Überschrift. Achte auf deine Muße, schreibe hingebungsvoll im ganzen Satz. Schreibe z. B.:

Ich kann wundervoll ... Ich habe das Talent, besonders ... zu können. Ich habe ein ausgeprägtes ... Vermögen, o.Ä.

Beachte Fußnote 2!
Schreiben ... **Häkchen:** ☐

(ein neues) Blatt 3: Meine Fähigkeiten
Nummeriere das Blatt mit der **Seitenzahl 6**.

Beschreibe in Schönschrift und in einem ganzen Satz die von dir angestrichene Fähigkeit. Schreibe z. B.:

Ich bin einer/eine, der/die gelernt/bewältigt/... erreicht hat.
Ich habe es geschafft ... ,
Ich habe ... gemeistert. o. Ä.

Schreiben ... und **Häkchen** setzen: ☐

Deinen 3 favorisierten, schriftlich vermerkten Geschenken folgen nun die anderen 2 Gaben, 2 Talente und 2 Fähigkeiten deiner Listen, indem du auch sie in ausformulierte Sätze kleidest und neben (!) das jeweils erste Geschenk schreibst, ohne Nummerierungen, getrennt lediglich durch einen Punkt und das Zeilenende, wie eine Welle, die der anderen folgt ...

Seite 4 deiner Gaben – insgesamt 3 **ganze** Sätze.
Seite 5 deiner Talente – insgesamt 3 **ganze** Sätze.
Seite 6 deiner Fähigkeiten – insgesamt 3 **ganze** Sätze.

Dein jeweiliges Lieblingsgeschenk steht dabei an erster Stelle. Die Formulierungen bleiben dir überlassen (Fußnote 2).

Fußnote
2. Das Ziel dieser Übung besteht darin, den Wert deiner Lebensgeschenke in deinem bewussten Bewusstsein zu etablieren, indem du sie GENAUER betrachtest. Es kommt hier nicht darauf an, einen Wettbewerb in Eloquenz zu gewinnen! - Grübel bitte nicht zu lange über Formulierungen nach, sondern folge deinem persönlichen, natürlichen Sprachgebrauch und deinen positiven Gefühlen!

Schreibe langsam, mit Bedacht – im ruhigen Fluss deiner Aufmerksamkeit und ergänze die Seiten 4, 5, 6!

JETZT! und **Häkchen** setzen: ☐

Freue dich abschließend im besonderen Maße über den Inhalt deiner 9 vollbrachten Qualitätssätze!

b) Stelle dir einen Alarm von jeweils 7 Minuten und ergänze die Seiten 4 - 6 um ein weiteres Mal, solange bis dieses Zeitintervall beendet ist, indem du sie aus deinem Kopf/ deiner Erinnerung (an deinen Lernspaziergang) heraus so spontan wie möglich wieder als Geschenke-Sätze formulierst. Schreibe die Sätze weiterhin nebeneinander, direkt neben den je 3, die bereits dort stehen; Welle um Welle …

Lies zuvor das Folgende:

Es kommt bei dieser (Zauber-)Übung NICHT darauf an, in kurzer Zeit möglichst viele weitere Geschenke aufzuschreiben, sondern die jeweils vorhandenen 7 kostbaren Minuten so geistreich wie möglich auszuschöpfen. Inhalt erreichst du durch ehrlich gefühlte Dankbarkeit gegenüber den Geschenken, die du schriftlich festhältst. Und: durch genüssliche Hingabe. Lege nach jedem Sieben-Minuten-Intervall eine (kürzere oder längere) Pause ein.

Überschreite die 7 Minuten nicht, weder für deine Gaben noch für deine Talente und Fähigkeiten, sondern beende den Satz, an dem du gerade schreibst! Stelle dir jeweils einen Alarm von 7 Minuten, nicht mehr! Schöpfe die dir jeweils zur Verfügung stehenden 7 Minuten im besten Sinne aus! Schreibe langsam in ganzen Sätzen, mit Adjektiven so spontan wie möglich, nebeneinander weitere deiner Gaben, Talente und Fähigkeiten auf! **Sollte eine Seite nicht ausreichen, benutze die Rückseite des jeweiligen Blatts:**

Seite 4:
7 Minuten für deine Gaben! … PAUSE
Seite 5:
7 Minuten für deine Talente! … PAUSE
Seite 6:
7 Minuten für deine Fähigkeiten!

Häkchen: ☐

Ist diese Zauberstufe vollbracht, gönnst du deiner fleißigen Hand ihre berechtigte Erholung, bedienst stattdessen deine Augen und Ohren, überdies deine ihnen folgenden Gefühle und Gedanken und vollführst die dritte in diesem 2. Zauberschritt. Um diese richtig ausführen zu können, benötigst du **ca. 10 Minuten ungestörte Zeit** für dich alleine. Verfahre darin so:

c) Nimm die Schönschrift-Sätze der Seiten 4, 5, 6 und eine Flasche (Quell-)Wasser und:
Stelle dich hin (oder setze dich möglichst aufrecht). Erde dich: Beine etwa hüftbreit auseinander! Stehe *(sitze)* gerade!
Atme ca. 7 Sekunden ein, halte ca. 14 Sekunden das Atmen an, atme ca. 21 Sekunden tief aus!

Trinke danach einen großen Schluck Wasser!

Falte deine Hände! Damit signalisierst du deine innere Sammlung und Aufnahmebereitschaft. – Lächele! Und:

Nimm **Seite 4** mit deinen Gaben zur Hand und lege sie so vor dich hin, dass du sie gut einsehen kannst. Lese dir – ***aufrecht*** – die Sätze nacheinander laut und langsam vor. Halte nach jedem ausgesprochenen Geschenk inne und fühle diesem dankbar nach, bevor du dem nächsten Geschenk deine Aufmerksamkeit widmest! Trinke einen großen Schluck Wasser!

Nimm **Seite 5** mit deinen TALENTEN zur Hand und lege sie so vor dich hin, dass du sie gut einsehen kannst, stehe und verfahre **wie auf Seite 31 (c) beschrieben**. – Fühle deinen Dank für jedes schriftlich festgehaltene Geschenk deiner Talente, nachdem du es dir vorgelesen hast. Trinke wieder einen großen Schluck Wasser! ...

Nimm **Seite 6** mit deinen FÄHIGKEITEN und wiederhole **das auf Seite 31 beschriebene Verfahren** noch einmal.

Trinke Wasser!

▪ Dankbarkeit besitzt außerordentlich viel positive Kraft. Sie lässt im Körper Glücksgefühle entstehen und sorgt dafür, dass Glückshormone ausgeschüttet werden. Mit ihnen als Treibstoff kommst du wesentlich geschmeidiger und gesünder voran als auf dem knarzenden Gefährt der selbstverständlichen Routine. Es ist so einfach wie machtvoll: Freudvolle Dankbarkeit wirkt. Ehrlich gefühlte Dankbarkeit – und ganz sicher empfindest du sie gegenüber deinen Gaben, Talenten und Fähigkeiten – bewirkt WAHRE WUNDER:

Je mehr Raum du deinen Geschenken und deiner Dankbarkeit ihnen gegenüber widmest, desto größer wird ihr Wirkungsfeld bzw. ihre direkte Teilhabe an deinem Leben. Erinnere dich: Alles, was Energie in Form von Aufmerksamkeit erhält, wächst! Jedes Lächeln, das du dabei mitwirken lässt, verstärkt diese Kraft, sowohl geistig als auch körperlich, weil es (egal wie ungut es dir gerade geht) immer (!) auf deine Gemütslage zurückschallt.

Das Trinken von Wasser dabei hat – im Zusammenhang mit der reinigenden Kraft einer gezielten Atmung – eine zusätzlich klärende Funktion, die deinen Zellhaushalt ankurbelt und dir neue Zuversicht schenkt. –

Wiederhole diese Stufe c! ...
Häkchen: ☐

3. Zauberschritt: *(ca. 20 Minuten an einem Tag)*

Tag 7 *Datum:* ______________________

Du brauchst deine (Schönschrift-)Sätze auf den Seiten 4 – 6, (Quell-)Wasser, einen Textmarker, dich ansprechendes A4-Papier oder dein A4-Notiz/Tagebuch, Schönschreibstift

Zauberwaldauftrag: Um die optimale Wirkung dieser Übung zu erzielen, sollte sie möglichst in einem ununterbrochenen Fluss ausgeführt, nach jeder Stufe a – c jedoch auf jeden Fall eine (Durch-)Atempause, in der auch Wasser getrunken wird, eingelegt werden. Es ist außerdem wichtig, dass du ***ca. 20 Minuten ungestört für dich alleine*** sein kannst.

a) Trinke einen großen Schluck Wasser!

Nehme im Anschluss daran die Seiten 4 – 6 deiner Sätze, lese sie dir noch einmal still durch und setze dann laut vor all deine bislang entdeckten **Gaben, Talente und Fähigkeiten** ein ‚ICH DANKE!'
(Gedanke kommt von Danke!)[3]

Sprich leise, am besten jedoch laut! Sag z. B.:
‚Ich danke dafür, dass XX, YX in meinem Leben sind!'
Oder: ‚Ich danke dafür, dass ich … habe!' etc.
im Hinblick auf die gegebenen **GABEN**.

Im Hinblick auf die gegebenen **TALENTE** sprich z. B.:
‚Ich danke für mein großartiges Talent, …'
Oder ‚Ich danke dafür, dass ich so wundervoll … kann!' etc.

Danke auch für die gegebenen **FÄHIGKEITEN**, indem du z. B. sagst:
‚Ich bin froh und danke dafür, dass ich es geschafft habe, die Prüfung in … zu bestehen!'
Oder ‚Ich bin heilfroh und dankbar, dass es mir gelungen ist … !' etc.

Nimm deine Lebens-Geschenke-Listen zur Hand und kröne jede der aufgeführten Gaben mit deinem glorreichen ‚Danke!' Benetze jedes deiner aufgezeichneten Talente mit dem glänzenden Licht deiner lächelnden Dankbarkeit! Lass alles, was du bisher erreicht hast, noch einmal auf der Bühne deiner Dankbarkeit strahlen! Fühle diese Dankbarkeit! Fühle sie in dir! Fühle wie sie dein Herz mit Freude und Glück erfüllt! **JETZT!**

Durchatmen, Wasser trinken, Beine bewegen! … UND: **Häkchen:** ☐

Fußnote

3. Gedanke kommt von Danke. Je intensiver – emotionaler – du dich auftauchenden Gedächtnisinhalten widmest, desto manifester werden sie. Das ist sozusagen ihrer und gleichzeitig dein eigener Dank und Lohn und wird in der Fachsprache Lern- bzw. Erinnerungsprozess genannt.

b) Nimm den Textmarker sowie die Seiten 4, 5, 6 deiner Sätze. Lese dir alle Sätze noch einmal in Ruhe durch. Markiere im Anschluss **3 GABEN**, für deren Vorhandensein du besonders dankbar bist! Fahre fort und hebe **3 TALENTE** hervor, für welche du ausgesprochen dankbar bist! Schaue dir deine **FÄHIGKEITEN** an und unterstreiche **3**, denen im besonderen Maße dein Dank gilt! Beachte dabei das Folgende:

Welche **3** deiner bislang entdeckten **Gaben** liebst du besonders?

Welche **3** deiner bislang entdeckten **Talente** sind dir besonders wichtig?

Auf welche **3** deiner bislang entdeckten **Fähigkeiten** bist du besonders stolz?

Für dieses Bewusstseinstor stehen dir nicht mehr als **3 Minuten** zur Verfügung, ehe es sich wieder schließt und der Zauber vorbei ist. **Lies NICHT weiter, ehe du ihn ausgeführt hast!** Stelle dir den nötigen Alarm von 3 Minuten und markiere DIE insgesamt 9 Geschenke! **JETZT – 3 Minuten:**

Und: Häkchen setzen: ☐

c) Nimm dein schönes A4 Blatt Papier oder Notizbuch und schreibe folgende Überschrift:

Die schriftliche Zusammenfassung meiner Favoriten:

Nummeriere dieses Blatt mit der **Seitenzahl 7**. Schreibe auf dieses Blatt 7 die 9 von dir mit dem Textmarker hervorgehobenen Geschenke und ihre von dir verwendeten Adjektive/näheren Beschreibungen noch einmal in Stichworten nebeneinander, **z. B.**:

Die schriftliche Zusammenfassung meiner Favoriten:

Gaben:	**Talente:**	**Fähigkeiten:**
1. *tolle Familie*	1. *singe sehr anregend*	1. *bin sehr…*
2. …	2. …	2. …
3. …	3. …	3. …

Du hast die ersten drei Zauberschritte vollbracht.
Hebe dir Seite 7 gut auf!

Sie enthält eine kleine Zukunftsprognose für dich wie folgt:

Auswertung Zauberwaldhain 1

Die insgesamt 9 von dir favorisierten Geschenke
sind ein perfekter Spiegel deiner gegenwärtigen Lebensqualität.
Sie zeigen auf, wie und wieso du dich gerade dort befindest,
wo du dich befindest:

Die 3 von dir favorisierten **GABEN** sind
die Ursache deines gesellschaftlichen Lebens.

Die 3 von dir bevorzugten **TALENTE**
sind **die Schlüssel zu deiner beruflichen Perspektive**.

Die 3 von dir besonders hervorgehobenen **FÄHIGKEITEN**
zeigen **deine geistige Kraft**.

Diese 9 sind
die Potenziale deines Seins (= **deine GABEN**),
der Kern deiner aktuellen Ausgangslage (= **deine TALENTE**) und zugleich
der Kompass, der dir den Weg in die richtige Zukunft weist (= **deine FÄHIGKEITEN**).

Schau, wo du – angesiedelt auf dem Fundament dieser kleinen Ergebnisliste – **in 3 Wochen** stehst! Trage dir in deinem **Kalender** eine Überprüfung von Seite 7 deiner Aufzeichnung ein!!

▪ Die Wahrnehmung des Menschen ist *immer selektiv* und richtet sich nach den Lebens-Prioritäten, die (mehr oder weniger) unbewusst wirksam sind. Diese übersichtliche Prioritätenliste ist relativ stabil und steuert dein Vorankommen im Zauberwald respektive deinen Lebensweg - mit mehr oder weniger großer Zufriedenheit; je nachdem wie weit dir deine Prioritäten bewusst sind und wie *ernst bzw. wichtig du sie nimmst.*

▪ Jedes Dagegensteuern (aus welchen Gründen auch immer) ruft Unzufriedenheiten aller Couleur hervor. Die Ursache jeder Ignoranz gegenüber deinen Favoriten ist *immer* ‚In-Deckung-sein' und eine Angelegenheit des mangelnden Vertrauens (Siehe zur Erinnerung Seite 22 dieses Buchs).

Ebenso wenig wie es natürlich kein Zufall ist, dass sich innerhalb der relativ kurzen Zeit deiner ersten Zauberschritte alle Geschenke offenbarten, die dir nun in schriftlicher Form vorliegen, sind deine 9 Favoriten auf Seite 7 deiner Aufzeichnungen zufällig so rasch aufgetaucht. Im Gegenteil! – Jeder Zeitrahmen, der die Minuten, innerhalb derer du dich für sie entschieden hast, überschritten hätte, hätte deinen zensierenden, konditionierten Verstand auf den Plan gerufen.

Da dieser jedoch (weitestgehend) ausgeschaltet wurde, liegen dir nun 9 besondere und mehr Geschenke vor, die du als Fundament deines weiteren Zauberwaldvorankommens betrachten kannst:

- Alles, was du in deinem Leben (mehr oder weniger) vermisst, weil es (scheinbar) nicht da ist, siehst du deshalb nicht, weil es gerade nicht dieselbe Präsenz in deinem Bewusstsein erfährt, wie die positive Aufmerksamkeit, die du diesen, deinen schriftlich vermerkten Favoriten einräumst.

Die beste Nachricht IST:

Das Fundament, das du durch sie bereits JETZT besitzt, ist ausbaufähig. Auf seiner Grundlage lassen wir deinen Wert so in den Vordergrund treten, dass er als handfeste Realität dein und das Leben anderer bereichern kann.

Mit dieser Aussicht im Gepäck betreten wir den 2. Zauberwaldhain.

Zauberwaldhain 2 / Woche 2

Dieser zweite Zauberhain dient deiner Liebe.
In ihm lernst du Leichtigkeit und Heiterkeit, indem du deine
Gaben, Talente und Fähigkeiten so betrachtest, dass sich neue Lichtblicke auftun.

„Werde wach, mein Herz!
Die Welt zieht dahin; das Leben ist oberflächlich und strömt an dir vorbei.
Fragen ist erlaubt. Schlafe nicht in deinem Leib, unwissend,
während die Karawane des Lebens
an deinem Haus vorüberzieht."

(Rumi)

Genauso wie die 9 von dir favorisierten Geschenke (Seite 7 deiner Aufzeichnungen) zweifellos vorhanden sind, sind es auch die anderen von dir ins Bewusstsein gerufenen. Du besitzt sie schwarz auf weiß respektive in schriftlicher Form, die wir nunmehr so vertiefen, dass sie dir als Wahrheit (= Wahr-Nehmen) zunehmend bewusster werden:

1. Zauberschritt *(ein Tag mit freier Zeiteinteilung)*

Tag 8 *Datum:* ___________

Du brauchst Seite 7 deiner Favoriten-Stichworte, (dich ansprechendes) A4-Papier oder dein A4-Notiz/Tagebuch, einen Schönschreibstift, die Seiten 4, 5, 6 deiner (Schönschrift-) Sätze

Dir steht für diesen Zauber ein ganzer Tag zur Verfügung, der durchaus die Nacht mit einbeziehen kann. Jedoch solltest du das ***24-Stunden-Limit*** NICHT unterschreiten. –

Erst danach weiterziehen!

Es kommt darauf an, dir diese Zeit so gut wie möglich frei einzuteilen und dich dabei intuitiv zu bewegen. Ob du die Stufen a, b, c in einem einzigen Zug oder über den Tag hinweg in kleinen ‚Appetithäppchen' zu dir nimmst, obliegt deinem (Lern-)Temperament und deiner Alltagsgestaltung, die eine Frage deines Bewusstseins und deiner darin enthaltenen Prioritäten ist.

Es lohnt sich auf jeden Fall, diesen Tag dem Besuch im Zauberwald zu widmen, dem Zauberwald die oberste Priorität einzuräumen, da dir diese Seinsreise nachhaltig genau jenes erforderliche Maß an Energie und Tatkraft schenkt, das du für dein Leben mit der Wahrheit deiner inneren Fülle benötigst.

Eine Herausforderung mag darin bestehen, auf Gewohnheiten wie z. B. Fernsehen u. Ä. zu verzichten.
Es schadet ebenfalls nicht, einmal eine Familien-Gesellschafts- und Geschäftspause einzulegen und stattdessen hingebungsvoll die 3 Stufen (mit KRAFTVERSTÄRKERN) auszuführen.
Du weißt: In den Zauberwäldern dieser Welt gewinnen jene, die sich aus dem Althergebrachten wagen und für Wunderbares öffnen. Und mit ihnen gewinnen ebenso alle, die ihnen lieb sind:

Zauberwaldauftrag: Nimm dein Schönschriftpapier und verfasse 3 Dankeslisten, indem du für alle deine bislang entdeckten Gaben, Talente und Fähigkeiten einen schriftlichen Dank formulierst! Schreibe in Schönschrift (!) folgende Überschriften:

Blatt 1: **Ich danke von Herzen für alle meine Gaben!** Nummeriere dieses Blatt 1 mit der **Seitenzahl 8**

(neues!) Blatt 2: Ich danke von Herzen für alle meine Talente! Nummeriere dieses Blatt 2 mit der **Seitenzahl 9**

(neues) Blatt 3: Ich danke von Herzen für alle meine Fähigkeiten! Nummeriere dieses Blatt 3 mit der **Seitenzahl 10**

a) Beginne diese 3 Seiten mit deinen jeweiligen Favoriten, die von dir auf **Seite 7** deiner Aufzeichnungen vermerkt wurden: Jeder Überschrift folgen hintereinander weg (Welle um Welle …) deine je 3 durch den vorherigen Zauberschritt ermittelten Geschenke. Beziehe dabei die von dir verwendeten Adjektive/näheren Beschreibungen in deinen Dank mit ein! Lies zuvor die folgenden Beispiele:

Schreibe im Hinblick auf deine 3 favorisierten **Gaben** z. B.:

Ich danke von Herzen für meine außergewöhnliche Familie! Ich danke von Herzen für meine emphatischen, humorvollen, reflektierten Freunde! Ich danke von Herzen für meine besondere … !

Verfasse deine 3 favorisierten **Gaben** (Seite 7) als Dank-Sätze auf *Seite 8* und streiche sie abschließend auf **Seite 4** deiner Aufzeichnungen durch. **JETZT!**

(Häkchen!) ☐

Schreibe für die **3 Talente**, die dir gegenwärtig am wichtigsten sind (Seite 7) z. B.:

Ich bin froh und dankbar für mein Talent, so anregend singen zu können! Ich liebe es! Ich bin froh und dankbar für mein ausgeprägtes Talent, Räume ansprechend einrichten zu können! Ich liebe es! und so fort.

Verfasse deine 3 favorisierten **Talente** (Seite 7) als Dank-Sätze auf *Seite 9* und streiche sie abschließend auf **Seite 5** deiner Aufzeichnungen durch. **JETZT!** ... (Häkchen!) ☐

Bis hin zu deinen 3 favorisierten **Fähigkeiten** (Seite 7) z. B.: *Ich danke von ganzem Herzen dafür, dass ich es geschafft habe ... Ich bin froh und dankbar dafür, dass ich ... bin* - etc.

Verfasse deine 3 favorisierten **Fähigkeiten** als Dank-Sätze auf *Seite 10* und streiche sie abschließend auf **Seite 6** deiner Aufzeichnungen durch. **JETZT!** ... (Häkchen!) ☐

b) Nimm die **Seiten 4, 5, 6** zur Hand und vervollständige die drei Dankeslisten 8 - 10 mit allen übrigen von dir entdeckten Geschenken! Formuliere weitere schriftliche Dankessätze. Benutze wenn nötig die Rückseiten.

Schreibe in der Reihenfolge der sich aneinanderreihenden Sätze, langsam, mit Bedacht, in gefühlter Dankbarkeit wie folgt:

Transportiere alle auf **Seite 4** deiner Aufzeichnungen vermerkten **Gaben auf Seite 8**, indem du einen Satz nach dem anderen in deinen schriftlichen Dank verwandelst und auf Seite 4 streichst.

Verfahre mit der vollständig durchgestrichenen **Seite 4** abschließend, wie es dir beliebt: Sie kann archiviert oder entsorgt werden. Seite 4 hat ihre erfolgreiche Verwandlung erfahren.
Dafür setzt du dir das Häkchen! ☐

Transportiere alle auf **Seite 5** deiner Aufzeichnungen vermerkten **Talente auf Seite 9**, indem du eines deiner Talente nach dem anderen in deinen schriftlichen Dank kleidest und auf Seite 5 streichst.

Archiviere oder entsorge Seite 5. Deine vollständig durchgestrichene Seite 5 hat ihre erfolgreiche Verwandlung erfahren.
Dein Häkchen! ☐

Transportiere alle auf **Seite 6** deiner Aufzeichnungen vermerkten **Fähigkeiten auf Seite 10**, indem du Fähigkeit um Fähigkeit in den Zauber deines schriftlichen Dankes hüllst und auf Seite 6 streichst.

Archiviere oder entsorge Seite 6. Deine vollständig durchgestrichene Seite 6 hat ihre erfolgreiche Verwandlung erfahren.
Gratulations-Häkchen! ☐

Spätestens am Ende des Tages hältst du 3 vorläufige Dankes-Listen für deine Gaben, Talente und Fähigkeiten in der Hand, wobei deine jeweils 3 Favoriten (Seite 7 deiner Aufzeichnungen) an erster Stelle jedes Blattes stehen.

Verfahre wie folgt damit:
c) *Lies dir jeden einzelnen Dank leise – bestenfalls laut – vor und halte nach jeder Danksprechung einen kurzen Moment inne, um ihr nachzufühlen, ehe du fortsetzt. Verändere nichts!*

2. Zauberschritt *(freie Zeitintervalle)*

Tag 9 - 14 *Datum von:* ___________ *bis:* ___________

Du brauchst die Seiten 8, 9, 10 deiner Danke-schön-Sätze und mit ihnen deine täglichen Lichtblicke

„Unsere Aufgabe besteht weniger darin, zu sehen,
was niemand je zuvor wahrgenommen hat;
wir sollten vielmehr darüber nachdenken, was man alles wahrnehmen kann,
denn darüber haben wir bisher noch nicht genügend nachgedacht."

(Erwin Schrödinger, Nobelpreisträger der Physik)

Zauberwaldauftrag:

Räume dir täglich Lichtblicke ein, innerhalb derer du dich deinen Dankesätzen weiterhin geistig zuwendest. Lies zuvor die nachfolgenden Hintergrundinformationen, die für dein Vorankommen entscheidend sind! Füge zügig danach die **Lichtblicke** (ab **Seite 41**) deiner eigenen Wahl (!) in dein Leben ein!

Um deine Gaben, Talente und Fähigkeiten so in deinem Leben zu etablieren, dass sie ihre berechtigte Geltung erfahren und du – auf ihrem Fundament – deine dir zustehende Fülle einstreichst, ist es notwendig, sie dir *täglich* ins Bewusstsein zu rufen. Ganz besonders innerhalb der ersten Zeit ihrer/deiner Entdeckung. Dabei handelt es sich um einen *Übungsprozess*, den du getrost als einen der wichtigsten deines Lebens betrachten kannst, da er dich lehrt, **richtig** (hin-)**zu sehen**!

- *Die einzige Realität, die wirklich existiert, ist dein Bewusstsein!* Die Erweiterung deines Bewusstseins läuft generell auf eine reichere Wahrnehmung der *Wirklichkeit* hinaus, denn Sehen beruht auf *Interpretation!* Du siehst *nicht* mit deinen Augen, sondern mithilfe deines Gehirns (u. a. durch deine Augen). Durch die zielführende Hinwendung deiner Wahrnehmung auf deine Lebensgeschenke verknüpfen sich die neuronalen Bahnen deines Nervensystems zu einem positiven, konstruktiven, bewussten Sehen. Alte Verdrahtungen, die dich (noch unbewusst) negativ lenken, lösen sich sukzessive zugunsten von neuen, wohlmeinenden auf.

- Dein Bewusstsein ist gleichzusetzen mit dem Zauberwald. Bewusstsein/Zauberwald sind Spiegel deiner Geisteskraft. Richtest du deine Geisteskraft täglich bewusst auf deine Geschenke; deine Gaben, Talente und Fähigkeiten wirst du – *konsequenterweise* – mit einem Leben in Fülle beschenkt, denn du ziehst, visierst an, siehst, woran du überwiegend denkst. Dabei ist Beharrlichkeit der Schlüssel zum Erfolg. Die synaptische Veränderung des Gehirns respektive die erfolgreiche/nachhaltige Aneignung von Wissen sind auf *regelmäßige* Wiederholungen angewiesen, da das Nervensystem *mindestens* 21 Folgetage für stabile Umstrukturierunge/Neuverknüpfungen benötigt.

Nun ist es im Alltag nicht immer ganz einfach, regelmäßig für die Gaben, Talente und Fähigkeiten zu danken. Routine versperrt den Weg und/oder Aufgaben, die viel größer/wichtiger erscheinen (!), als ein (vermeintlich) unbedeutender Dank. Hektik, Stress, Sorgen, Qualen machen es mitunter sogar unmöglich, überhaupt irgendeinen Dank zu verspüren. Da das Leben jedoch der Tanz deiner Gedanken auf den Wellen der Gefühle ist, ist geistiges ‚Surfen' auf den Brettern der Dankbarkeit ausschlaggebend für dein befreiendes, glückliches Vorankommen im Zauberwald. Ein Surfbrett dreht sich immer in die Blickrichtung des Surfenden und genauso verhält es sich mit der Realität. Sie richtet sich nach dem, worauf du deine Aufmerksamkeit richtest. Dieses geistige Surfen gelingt dir am besten mit dem Auftrieb von Achtsamkeitssignalen, die im Zauberwald **Lichtblicke** sind und die können sich überall und plötzlich auftun, sofern du es nur willst. Deinen Willen erkennst du an deinem Streben nach Glück und da dieses 'Büchlein' zu dir kam, ist dein Streben nach Glück groß und mächtig. Diese Macht lässt sich noch weiter ausbauen, indem du etwas über die lukrativsten **Zeitfenster potenzieller Lichtblicke** erfährst:

LICHTBLICK ‚Morgenstern'

Da die Gehirnwellen, die dein Bewusstsein - und darin dich - bewegen, direkt nach dem Aufwachen am aufnahmefähigsten, man kann auch sagen, am (zu-)träglichsten sind, ist die Hinwendung der Aufmerksamkeit zu den **Seiten 8 – 10** deiner Dankbarkeit innerhalb dieses Zeitfensters sehr profitabel. **Es empfiehlt sich, die Momente, die dem Aufwachen folgen,** zunächst nicht für eine feste Mahlzeit **zu nutzen**, sondern zuerst dafür, alle entdeckten Gaben, Talente und Fähigkeiten einmal zu lesen/auszusprechen. Dazu können auch solche gehören, die noch nicht schriftlich festgehalten worden sind, weil sie erst während des vorangegangenen Schlafs im buchstäblichen Sinne auftauchten. Je häufiger du ein solches Aufwachritual durchführst, desto größer wird die Wahrscheinlichkeit, dass dir weitere, vormals unentdeckte Geschenke folgen. Diese sollten der Liste so rasch wie möglich hinzugefügt werden.

Ein möglicher ungestörter Vorleseort kann das Badezimmer sein.

Der LICHTBLICK ‚Morgenstern' dauert (in Abhängigkeit der Länge deiner Listen) im

Schnitt 5 Minuten. Er ist ein geistreiches, obendrein ansprechendes, sehr gesundes, nachhaltig wirksames Start-Menü. Fühle jedem ausgesprochenen Dank noch einmal nach, ehe du dich dem nächsten zuwendest. Dies vertieft seine nachhaltige Wirkung (= Wirk-lich(t)-keit).

LICHTBLICK ‚Abendsonne'

Das Zeitfenster der ‚Abendsonne' öffnet sich dir jeden Tag **zwischen 20:09 Uhr und 22:22 Uhr.** In ihm funktioniert dein Biorhythmus so, dass die Psyche für die Etablierung und Festigung von *emotionalem* Wissen besonders empfänglich ist. **Stelle dir zur Absicherung deines Lebensglücks einen täglichen Alarm für die Zeiten 20:09 Uhr und 22:22 Uhr**[4] und nutze diese Zeitfenster an den Tagen, an denen es dir möglich ist, sie zu nutzen: Nimm deine 3 Dankbarkeits-Listen **Seiten 8 – 10** zur Hand und lese sie konzentriert, danke für deine Geschenke!

An den Tagen, an denen es dir *nicht* möglich ist, deine Gaben-Talente-Fähigkeiten-Sätze direkt einzusehen, sollte der Alarm trotzdem *gestellt bleiben*, wiewohl er nämlich trotzdem seine Wirkung entfaltet. - Die häufige bewusste Wiederholung dessen, was dir gegeben ist und die tägliche Erinnerung daran zu einer festgelegten Zeit, aktivieren dein Erinnerungsvermögen auch unbewusst. An Tagen, an denen es dir nicht möglich ist, deine Gaben, Talente und Fähigkeiten direkt einzusehen, genügt es, dass du, sobald der Alarm erklingt, für diese, deine Geschenke schlichtweg *still* dankst: **‚Ich danke von ganzem Herzen für meine Gaben, Talente und Fähigkeiten; für alles, was mir gegeben ist!'** Fertig.

Dieser ‚gekürzte' Dank nimmt keinen Raum und so wenig Zeit in Anspruch, dass du ihm überall nachgehen kannst, einerlei wo du dich gerade befindest und was du tust.

Eine weitere Möglichkeit - ohne die Sätze direkt vor Augen zu haben - besteht darin, es deinem Unterbewusstsein zu überlassen, welchen Geschenken gerade dein Dank gebührt. **Führe einfach, ohne darüber nachzudenken, solche Geschenke an, die dir spontan einfallen.** Es ist vollkommen in Ordnung, wenn deine Gaben, Talente und Fähigkeiten durcheinander purzeln. Auch musst du weder ihre Reihenfolge und unterschiedliche Anzahl hinterfragen noch die Frage beantworten, warum ausgerechnet jetzt gerade diese Geschenke in den Vordergrund rücken und keine anderen. *Danke einfach* für sie, solange, bis du spürst, dass diese kleinen, aber höchst feinen Zeitfenster **20:09 Uhr und 22:22 Uhr** sich schließen bzw. du sie schließen musst. Die Dauer, innerhalb derer dieser Zauber genutzt wird – ob die ganzen Stunden (von 20:09 Uhr bis 22:22 Uhr), die er zur Verfügung steht oder weniger – ist nicht so wichtig, wie das, was du dabei fühlst und das ist *im allerbesten Fall aufrichtige Dankbarkeit* für jedes Geschenk, das dir spontan von deinem Unterbewusstsein herausgereicht wird. Und: (unterschwellig) für alle weiteren auf den Listen vermerkten, selbst wenn du diese gerade nicht erwähnst. *Alle* Geschenke wirken - das eine hält das andere sozusagen an der Hand.
Ohne deine Talente hättest du nie deine bisherigen Fähigkeiten erreicht, ohne deine Gaben fühltest du dich in deiner Haut und in deinem Leben so unwohl, dass du erkranken würdest und mit dir gleichsam deine Talente.

Fußnote

4. Diese Zeiten sind sorgsam kalkuliert und gelten unabhängig künstlicher Zeitverschiebungen.

So gehst du nach einem kurzen oder längeren, aber auf jeden Fall möglichst *konzentrierten, intensiven* Dank deine notwendig anderen (Zauberwald-)Wege - bis zum nächsten LICHTBLICK, der erscheinen wird. Ganz bestimmt:

LICHTBLICK ‚Farbenzauber'
Ein Achtsamkeits –‚Schmankerl für immer mal wieder zwischendurch' ist deine Lieblingsfarbe oder, wenn du mehrere besitzt, deine bevorzugten Farben. Die **Farben, die du besonders magst,** dienen dir insofern als Lichtblicke, als dass du dich innerhalb der nächsten Tage darauf trainierst, immer dann innezuhalten, wenn dein Blick sie zufällig erhascht. Das kann überall sein, egal, wo du dich gerade befindest. (Lieblings-)Farben begegnen dir immer (wieder) und – wie du feststellen wirst – selbst an Stellen, an denen du sie nicht vermutest hast. Sie zu entdecken ist gleichzusetzen mit der Entdeckung deines Selbst, sobald du bei ihrem Anblick innehältst, 1 bis 3x TIEF durchatmest und an die Listen deiner Lebensgeschenke denkst. Dankend!

Nimm das von deinen Gaben, Talenten und Fähigkeiten, was dir dein Unterbewusstsein zum gegebenen Augenblick *spontan* herausreicht. Es ist, wie gesagt, nicht zwingend notwendig, ständig jedes Geschenk miteinzubeziehen. Solltest du deine Geschenkesätze jedoch lieber *vollständig* nutzen wollen - und *das wird für 1x täglich unbedingt empfohlen!* - sorge dafür, dass sie dir immer zur Verfügung stehen, du sie an einem geschützten Platz trägst! Nicht wenigen Menschen gibt die Tatsache, ihre Geschenkesätze bei sich zu haben, ein sichereres Gefühl, das allein schon für sich genommen Gutes bewirkt.

Zusammengefasst: bei Lieblingsfarben = Innehalten, durchatmen, Dank denken und: FÜHLEN!

Dieses ist ein sukzessiver Prozess deines sich entfaltenden Bewusstseins mithilfe einer sich zunehmend steigernden Wahrnehmungsfähigkeit, denn Farben, als „Taten des Lichts" (Johann Wolfgang von Goethe) sind besondere Erkenntnisbringer = Lichtübermittler.

LICHTBLICK ‚Glockenschlag'
Mit dem ‚Glockenschlag' nutzt du **synchrone Uhrzeiten**, das heißt solche Zeiten, zu denen die Zeiger der Uhr entweder gleich stehen, sprich sich (analog) überdecken oder (digital) eine sogenannte Schnapszahl zeigen, wie beispielsweise 00:00 Uhr, 01:01 Uhr, 02:02 Uhr oder auch 12:12 Uhr,13:13 Uhr. Wähle deine liebste Zahl!

Sobald dir synchrone Uhrzeiten begegnen, dein Blick darauf trifft, wiederholt sich das lukrative Prozedere: Du atmest tief durch und holst (tatsächlich oder in deiner Vorstellung) deine Geschenke hervor, sprichst für jedes einzelne Geschenk deinen Dank aus ODER denkst an ausgewählte einzelne Gaben, Talente und Fähigkeiten und dankst für sie ODER nimmst den gekürzten Dank in Anspruch: ‚Ich danke von ganzem Herzen für meine Gaben, Talente und Fähigkeiten; für alles, was mir gegeben ist!'
Dieser Lichtblick kann, wie der ‚Farbenzauber', **dem Zufall überlassen** bleiben, **ebenso** ist es dir möglich, dir **zu synchronen Uhrzeiten deiner Wahl einen Alarm** zu **stellen**. Das kann täglich geschehen oder nur an bestimmten Tagen. *Mindestens eine gezielte tägliche synchrone Uhrzeit ist sehr empfehlenswert!*

Dein Unterbewusstsein wird sich schnell daran gewöhnen und ehe du dich versiehst, hast du deine Lieblingslichter der einander gleichgestellten Zahlen!

LICHTBLICK ‚Freistil'

Eine weitere dir zur Verfügung stehende Möglichkeit, die selbstverständlich (!) genauso gut ist, besteht darin, dass du **deine eigenen LICHTBLICKE** wählst, die deinem beruflichen und/oder deinem privaten Leben am besten entsprechen, weil sie dir garantiert immer wieder begegnen und Freude bereiten.

Außerdem lassen sich alle vorgeschlagenen Lichtblicke über den Tag hinweg hervorragend miteinander kombinieren, sodass für dich gewährleistet ist, dass sich *mindestens* (!) einer vor dir auftut.

- Es kann eine kleine Weile dauern, ehe du dich an die LICHTBLICKE gewöhnst – tatsächlich vorzustellen wie Augen, die sich nach währender Nacht der Sonne anpassen müssen, doch eröffnet sich deinem Bewusstsein bereits nach 3 Tagen ein neuer Horizont.

Spätestens nach 21 Tagen werden dir ‚Wunder' zuteil und nach nur insgesamt 28 Tagen ist deine Entdeckung so weit vorangeschritten, dass du dir selbst als DER wundervolle Mensch begegnen kannst, der du WIRKLICH(T) bist, vollkommen unabhängig aller unnützer Glaubensvorstellungen und Konditionierungen, die du im Laufe deines Lebens in dich aufgenommen hast.

- Ausschlaggebend, um diese überflüssigen, dich überdeckenden Fehlwahrnehmungen aus deinem Gehirn zu löschen, sind dein Wille und deine Kraft, die beide wiederum von der Intensität und Anzahl deiner täglichen LICHTBLICKE anhängig sind.

- Deine ‚Rückkehr in den Zauberwald' schreitet in dem Maße voran, wie du selbst tatkräftig vorgehst und LICHTBLICKE gewissenhaft FÜR DICH und deine Lieben umsetzt.

„Alles, was du für dich selbst tust,
tust du für einen anderen.
Alles, was du für einen anderen tust,
tust du für dich selbst."

(Neal Donald Walsh)

Zaubervertiefung: Räume dir an 6 aufeinanderfolgenden Tagen täglich mehrere Lichtblicke ein, mithilfe derer du dich deinen Dankessätzen (Seiten 8, 9, 10 deiner Aufzeichnungen) geistig zuwendest.

Darunter sollte IMMER mindestens ein *täglicher* LICHTBLICK sein, mit dem du es dir erlaubst, für alle deine Gaben, Talente und Fähigkeiten zu danken, dir diesen Dank vorzulesen und ihn ggf. zu ergänzen. Lese mit Bedacht, sprich mit vollem Bewusstsein: Fühle jedem einzelnen Geschenk, für das du dankst, nach! Hierfür eignen sich besonders der **‚Morgenstern'** und die **‚Abendsonne'**.

Räume dir innerhalb dieser 6 Tage mithilfe weiterer LICHTBLICKE zusätzliche Entdeckungen ein, die du als ‚gekürzten' Dank verstehen kannst, der jedoch in seiner Wirksamkeit nicht zu unterschätzen ist, denn dein Unterbewusstsein verarbeitet mehr, als es deinem Verstand jemals möglich sein wird! Für diesen ‚gekürzten' Dank eignen sich besonders die LICHTBLICKE **‚Farbenzauber'** und **‚Glockenschlag'** und der **‚Freistil'–Dank**.

Zum LICHTBLICK **‚Freistil'** zählen auch AHA-Erlebnisse, dergestalt, dass dir plötzlich immer mehr deiner Geschenke auffallen, für die du dankbar sein kannst. Sobald ein solch ‚plötzliches' Geschenk in deinem Bewusstsein erscheint, DANKE ihm *einfach spontan*! Unabhängig aller mehr oder weniger festgelegten Lichtblicke! Halte alle neuen Geschenke als weitere Dankesätze schriftlich auf den *Seiten 8 oder 9 oder 10* deiner Aufzeichnungen fest.

6 Tage Lichtblicke sehen …
Los geht's! **JETZT!**

Unternehme innerhalb dieser 6 lichtreichen Tage außerdem Abstecher in den nachfolgenden, *in 3 Abschnitte eingeteilten* **EXTRAHAIN**. Er dient deiner weiteren Klärung und Kräftigung.

Lese diesen EXTRAHAIN Abschnitt für Abschnitt, indem du deinem Gehirn ***nicht weniger als 24 Stunden*** gönnst, ehe du dich dem nächsten Abschnitt zuwendest. Studiere den einzelnen Abschnitt *langsam* und bei Bedarf mehrmals. So wird das Gelesene nachhaltiger von dir verarbeitet.

Die Informationen wiederholen sich in jedem Abschnitt mit jeweils anderen Worten. Auch das trägt zu ihrer tiefgründigen Verinnerlichung bei. Der EXTRAHAIN:

Extrahain

Deine tiefsitzenden Ängste befrei'n

Abschnitt 1

„Unsere tiefste Angst ist nicht, ungenügend zu sein.
Unsere tiefste Angst ist, dass wir über alle Maßen kraftvoll sind.
Es ist unser Licht, nicht unsere Dunkelheit, was wir am meisten fürchten,
Wir fragen uns, wer bin ich denn, um von mir zu glauben,
dass ich brillant, großartig, begabt und einzigartig bin?

Aber genau darum geht es,
warum solltest Du es nicht sein?

Du bist ein Kind Gottes.
Dich klein zu machen, nützt der Welt nicht.
Es zeugt nicht von Erleuchtung, sich zurückzunehmen,
nur damit sich andere Menschen um dich herum nicht verunsichert fühlen.
Wir alle sind aufgefordert, wie die Kinder zu strahlen.
Wir wurden geboren, um die Herrlichkeit Gottes, die in uns liegt,
auf die Welt zu bringen.

Sie ist nicht in einigen von uns, sie ist in jedem.
Und indem wir unser eigenes Licht scheinen lassen,
geben wir anderen Menschen unbewusst die Erlaubnis, das Gleiche zu tun.
Wenn wir von unserer eigenen Angst befreit sind,
befreit unser Dasein automatisch die anderen."

(Marianne Williamson: ‚Rückkehr zur Liebe', zitiert von Nelson Mandela
während seiner Antrittsrede als Präsident von Südafrika)

Konditionierungen und andere eingefahrene Wahrnehmungsmuster sind die Sackgassen im Zauberwald, die dich, gerade in der ersten Zeit deines Verweilens bei den täglichen Übungen, aufhalten und darum sehr ängstigen können.

Diese Sackgassen machen dich außerdem noch (mehr oder weniger) ‚betriebsblind' im Hinblick auf das absolut wertvolle Vorhandensein deiner Geschenke. So mag dir auch der ernstzunehmende Dank ihnen gegenüber noch etwas holprig von der Zunge gehen. Hinzu kommt der ‚Autopilot', mit dem durchs Leben gerast wird.

Stößt man, wie durch ein Wunder, auf so ein 'Büchlein' wie dieses, das gewichtige Hinweise darauf gibt, dass das Leben viel schöner, reicher und leichter, glücklicher aussehen kann, weil alle Voraussetzungen dafür bereits da sind, passiert oft etwas, das du dir so vorstellen kannst:

Du bist im Wald. Du hast dich verirrt:
Gespenstische Schatten, die dich von überall umgeben, wohin du dich auch drehst und wendest, und die dich (scheinbar) gefangen halten.
Dazu zischende Stimmen, die - schlangengleich, bedrohlich, gefährlich - von allen Seiten erklingen, den Wert deiner Gaben, Talente und Fähigkeiten verhöhnen, DICH verhöhnen; darauf aus, erst deine Geschenke, dann dich zu vernichten. Keine Chance, ihnen zu entkommen? Du bist ihr Sklave, dein Leben gehört gar nicht dir? Was nun?

Als erstes gilt es Ruhe zu bewahren. Deine erste Reaktion mag Flucht oder dich tot stellen sein. Nützt aber nichts. Du kennst diese Waldgeschichten: Hier kommen nur die Mutigen voran und der größte Mut besteht darin, dir deine negativen Gefühle einzugestehen, indem du innehältst, um dich eben nicht von ihnen beherrschen zu lassen.

Sackgassen sind alle Situationen, die dir Angst = Enttäuschung, Wut, Mutlosigkeit; Panik einjagen und die, während du nichts Böses ahnst, (scheinbar) plötzlich aus dem Nichts auftauchen. Was gilt es zu tun? Diese drei Schritte:

Das 3-Schritte-Zauberwald-Notfallprogramm in Sackgassen-Situationen:

1. *Es ist wie es ist* - akzeptiere den IST-Zustand! Nur in der Akzeptanz dessen, lassen sich unangenehme Dinge auflösen.

2. Trete einen Schritt zurück und ruhe dich aus! Das Ziel bei jeder Konfrontation mit einer Sackgasse muss für dich darin bestehen, dir eine möglichst angenehme, erfüllte *Gegenwart* zu verschaffen. Ignoriere die (vorläufige) Wegsperrung und lebe im Augenblick! Danke darin weiterhin für deine Geschenke!!! Höre *nicht* auf damit!!!

3. Sammel innere und äußere Kräfte (z. B. durch die **KRAFTVERSTÄRKER ab Seite 111**), statt in Panik zu verfallen!

Panik äußert sich durch negative Vorstellungen, die du in eine unheilschwangere Zukunft projektierst. Vergiss dabei nie:

Alle Ängste, die dich sabotieren, malträtieren und dich an deinem Weiterkommen hindern wollen, kommen aus deiner Vergangenheit und reichen in die Zukunft nur soweit, wie du selbst es zulässt! Selbstverständlich fordern sie deine Courage heraus, aber du wirst nie ohne Grund mit ihnen konfrontiert. Sie tauchen genau zu dem Zeitpunkt auf, an dem du stark genug bist, Hindernisse zu überwinden.

Sackgassen sind die Widerstände, die sich wie Dornen um den ‚Turm' ranken, in dem die kostbare Einzigartigkeit deiner Gaben, Talente und Fähigkeiten darauf wartet, von dir befreit zu werden, damit sie im Leben rechtsschaffend zum Einsatz kommen kann!

Als Dornen sind sie Geduldsproben, innerhalb derer der aktuelle Reifegrad deines Bewusstseins zu wachsen vermag! Vor jeder Sackgasse wird überprüft, wie groß deine Motivation, in der Fülle deiner Wahrheit zu leben, tatsächlich ist und das umso mehr, je größer die Anzahl der Dornen ist. Im Zauberwald erwarten dich Prüfungen!

Kehre zu den **LICHTBLICKEN des 2. Zauberschritts ab Seite 40** zurück und sammel Kraft!

Fußnote

6. Kenneth Wapnick: 1942 – 2013, Psychologe, Psychotherapeut, Autor, weltweit anerkannter Lehrer des Lehrbuchs: ‚Ein Kurs in Wundern'

Abschnitt 2
Liebe–Vertrauen-Dankbarkeit

in schwierigen Momenten, echte Herausforderungen. Die gute Nachricht lautet:

Das eine ist mit dem anderen verbunden wie die Wellen mit dem Meer. Das heißt: Konzentrierst du dich auf das eine, wächst automatisch das andere. Im Detail:

Liebe!!! ... Liebe, was du bereits JETZT hast! Konzentriere dich auf deine Gaben-Talente- und-Fähigkeiten-Seiten, einerlei wie laut und was die ‚Zauberwald-Gespenster' auch krakelen. Bedenke dabei: „Wenn wir gut vorankommen und etwas anfängt, auf uns einzuhämmern, ist es ein gutes Zeichen. Es zeigt, dass das Ego Angst bekommen hat." (Kenneth Wapnick)[6]

Das Ego ist nichts anderes als dein falsches Ich, mit all den harschen Werturteilen, die es über dich und über andere ausbreitet. Während du mit seinen Dornen ringst und dich (Zauber-) Schritt für Schritt aus deren Fängen befreist, stirbt dieses falsche Ich; erlöscht sukzessive in der sich auflösenden Dunkelheit, und das kann natürlich weh tun.

Es überlässt dir nicht freiwillig das Feld, sondern klammert sich an jeden Zweifel, jede Sorge und jede Lieblosigkeit, die du dir selbst und anderen entgegenbringst.

Dein wahres Ich ist von diesem Ego-(Todes-) Tanz jedoch nicht im Geringsten betroffen. Deine Wahrheit - ausgestattet mit der individuellen Kombination deiner Gaben, Talente und Fähigkeiten - wartet geduldig und unberührt dort ‚oben' im ‚Turm' auf die Rückkehr deiner absoluten Einzigartigkeit. Sorgen sind dabei kontraproduktiv, Liebe und Dankbarkeit hingegen *alles*! Liebe deine Geschenke! Lass dich nicht ablenken! Konzentriere dich auf sie!

Ubi amor ibi fides. - Wo Liebe ist, ist auch Vertrauen.

Du kannst, darfst und sollst deinen Geschenken vertrauen! Sie sind zweifellos real, vollkommen egal, was irgendwelche Egos dazu meinen, denn in Wahrheit ist kein Ego real, sondern lediglich eine mit nicht genügend Licht versorgte Illusion; ein ‚chimäres Ich'.
Deine Gaben, Talente und Fähigkeiten hingegen sind von unschätzbarem Wert, sind sie doch die Werkzeuge, die dir helfen, deine Lebensziele zu erreichen, dein Kompass und dein Reiseproviant durch den Zauberwald, gleichsam deine Zugpferde.

„Durch eben dies, durch das man geboren wird, lebt und stirbt, durch eben dies erlangt man die höchste Glückseligkeit."

(Saraha)

Das kleingeistige, falsche Ich, die Chimäre, muss ‚sterben', ehe du wahrlich geboren bist und in der ganzen Pracht deines Bewusstseins auf der Bühne des Lebens stehst. Danke für den Prozess, der dich zu deiner Geburt führt; danke jedem Engpass, jeder Sackgasse dafür, dass sie dir Gelegenheiten geben, deine Selbstliebe und das Verständnis für andere zu stärken, statt dich wie ein umnachtetes Opfer der Umstände zu fühlen, denn das bist du nicht! Dein LEBEN GEHÖRT DIR - ES IST DEIN WUNDERVOLLES LEBEN, dein Garten Eden, der auf die ihm zustehende dankbare Aufmerksamkeit wartet.

Durch deine Dankbarkeit drückst du deine Liebe aus.

Dem, wofür du dankbar bist, schenkst du gerne deine Beachtung, nicht wahr? Die gezielte Aufmerksamkeit gegenüber dem *einzigartigen Wert* deiner Gaben, Talente und Fähigkeiten bildet Vertrauen, DAS Vertrauen, das du in dich selbst und in den Sinn deines Lebens setzt.

Durch deine Dankbarkeit für das Geschenk deiner Gaben, Talente und Fähigkeiten drückst du deine Liebe zum Leben aus und:
Lebensfreude ist unabdingbar, um die Schöpferkraft im angebrachten Maße zu ehren! (‚Die Rückkehr in den Zauberwald', Bd. 2). Ehre die Schöpferkraft in dir durch positive Gefühle und Gedanken! Sie werden sich verwirklichen.

„Wenn du einen Gedanken in deinem Geist bewusst erzeugst und er zielgerichtet ist, so wird er seinen Weg in der Welt finden. Er wird sich auf natürliche Weise verwirklichen. Und wenn du mehr Kontrolle über deine Lebensenergie hast, kannst du sie immer weiter lenken." (Sadhguru) Versprochen!

Kehre zu den LICHTBLICKEN ab **Seite 41** zurück und bilde deine Kontrolle aus!

Abschnitt 3
Beachte und verinnerliche:

Durch die unwiederholbare Kombination deiner Gaben, Talente und Fähigkeiten (selbst wenn andere über ähnliche oder gleiche verfügen) bildet sich deine einzigartige Identitätssequenz heraus - deine Ausstrahlung, dein Charisma.

Deine Ausstrahlung ist so einmalig wie das Muster einer Schneeflocke in ihrer kristallinen Schönheit, u. a. erkennbar an deiner individuellen Handschrift. Du besitzt durch die spezielle Kombination deiner Gaben, Talente und Fähigkeiten eine absolut besondere, weil einzigartige Signatur.

Wenn du deine Gaben, Talente und Fähigkeiten in der Vergangenheit nur sporadisch oder gar nicht mit Liebe, Vertrauen, Dankbarkeit bedachtest, spielt das keine Rolle. Wenn sie dir als Selbstverständlichkeit erschienen oder du sie als unbedeutend heruntergehandelt hast, ist auch das nicht wichtig. Wichtig ist einzig und allein das Jetzt. Und worin besteht dein gegenwärtiges Ziel? Ganz einfach: dem Irrsinn aller Sackgassen zu entrinnen.

Das Ziel jedes einzelnen Menschen (ob er/sie dieses Buch gerade liest oder nicht, jemals lesen wird oder nicht), besteht darin, die ihm/ihr mit auf den Lebensweg gegebenen Geschenke 1. auszupacken und 2. konstruktiv und nachhaltig nutzbar zu machen.

Der Weg zum Ziel führt durch den Zauberwald.

Im Zauberwald gibt es Sackgassen und Gefahren. Eine Tatsache, die für alle Menschen gleichermaßen gültig ist. Diesen Widerständen widmen wir uns vorsorglich *bevor* du den 3. Zauberschritt auf Seite 54 vollführst, denn: Sobald du anfängst, dich mit guten Absichten auf die Geschenke deines Lebens zu konzentrieren, finden Veränderungen in deinem Bewusstsein statt, die wiederum dazu führen, dass auch dein Außen beginnt, sich zu wandeln.

In ganzer Wahrheit sinkt deine Frustrationstoleranz! Und hier wird es brenzlig, da derartige Veränderungen oft mit Furcht genau davor - vor Veränderungen - einhergehen. Es muss zwar nicht zwangsläufig schwierig sein, wenn die Dinge sich modifizieren. Meistens ist es aber so und zwar aus dem Grund, dass durch das Absinken der psychischen, *konditionierten* Abwehr Ängste geschürt werden:

Deine Komfortzone beginnt erheblich zu wackeln; gewohnte (vermeintliche) Sicherheiten brechen weg und lassen häufig auch die körperliche Immunität sinken. Man fühlt sich geschwächt und angreifbar und ist es gleichwohl. Das kann schleichend, unmerklich geschehen, sich aber ebenso über Nacht ereignen.

Anders ausgedrückt: Je mehr du auf deinem Erweckungsweg zurück zu dir selbst in Fahrt kommst, desto mehr steigt die ‚Gefahr', dass du unterwegs ‚schlafende Tote' entdeckst. Das sind die ‚Leichen im Keller', die jeder Mensch während seiner ‚Rundreise über den Globus des Lebens' angesammelt hat.

Wenn sich die Tore deines Bewusstseins öffnen, tun sie das nicht nur für deine Geschenke, sondern genauso gut für die ‚Gemordeten' und das ist *natürlich* unangenehm, ABER – „Ein Teil der Heilung ist es, geheilt werden zu wollen." (Seneca) – *gerade* innerhalb von Krisensituationen finden die *entscheidenden* Weichenstellungen statt, weil die Psyche während dieser besonderen Konfrontationen ihre ganze Macht entfaltet. -

In krisengebeutelten Lebensphasen ist die Umstrukturierung alter Gedächtnisinhalte und der daraus resultierenden Handlungen „besonders leicht, da die Stabilität der *gewohnten* Funktionsautomatik abgebaut wird."[5] Nutze diese Tatsache, mach sie dir zum Geschenk!

Im Zauberwald sind Krisensituationen als Ängste, Sorgen und Schmerzen getarnte Geschenke, die du zumindest insofern beäugen solltest, als dass du dich bitte neugierig fragst, wohin sie dich führen, was in dir sie (er-)lösen wollen! Das tun sie, immer vorausgesetzt du bleibst dran am Ziel. Kompromisslos! **‚Ja ich will: Ich will meine Geschenke; ich will glücklich sein; ich will mich (zurück)! Glücklich.'**

Sprich dir diese Tatsache *immer wieder* (still oder laut) vor! Vor allem, wenn du dich in einer Sackgasse befindest.

Pragmatisch betrachtet besteht der Zeitrahmen, innerhalb dessen sich eine Sackgasse auftürmt, nicht länger als 90 Sekunden. Reizbarkeit, Sorge, Wut …, kurz gefasst (fast) alle mit negativer Angst aufgeladenen Engpässe, die dir begegnen, lösen in deinem Körper eine unangenehme physiologische Reaktion aus, deren Intervall beobachtbar und messbar ist und 1 Minute und 30 Sekunden dauert. Eigentlich sollte es nicht schwer sein, dieses Quäntchen Zeit ertragen zu können, abzuwarten, bis es vorübergeht. Ist es aber.

Sackgassen kurzfristig zu entkommen ist deshalb so (mehr oder minder) schwierig, weil ihre emotionale Intensität entscheidend ist. Je mehr (widersinnige) Gefühle an ihnen beteiligt sind, desto schwerer fällt es, sich diesen zu entreißen, sodass sich im Nullkommanix der nächste Engpass bildet. Ein negativer Gedanke gesellt sich zum anderen, eine destruktive Vorstellung baut auf die nächste auf und so entstehen Gedankenschlangen, die in eine nähere und fernere Zukunft hineinreichen, die unheimlich daherkommt.

Derartige in jedem Menschen einprogrammierte Abwärtsspiralen wirken mehrmals täglich, ohne das bewusste Bewusstsein ihres Trägers. Sie werden jedoch - aufgrund der gesunkenen Frustrationstoleranz - mit der Entdeckung der Gaben, Talente und Fähigkeiten zuträglicher, sind deswegen zwar nicht weniger beängstigend, können nun jedoch erstmals gezielt und nachhaltig dazu gebracht werden, sich tatsächlich wie von selbst in Luft aufzulösen.

Fußnote

5. Vgl. ‚*Die geheime Macht der Psyche*':
Ulrich Warnke, Scorpio-Verlag 2015², Berlin/München, S. 219

Negative Gedankenschlangen walten wie hungrige Drachen: Schlägst du ihnen einen Kopf ab, wachsen prompt drei weitere nach. Wie alle Drachen, entfalten sie sich durch Gegenwind.
Gedankendrachen beruhen auf neuronalen Mustern, die sich über lange Zeiten hinweg aufbauten und die *bis heute* unbewusst gefestigt wurden. Sie sind wie starke Seile, die dich nicht ohne Weiteres vorbei lassen, sondern dir den Weg versperren, weil du sie nicht mit einem Hieb durchtrennen *kannst*. Hier musst du auf Zeit bauen.

Zur Überbrückung der Zeit, in der sich destruktive Gedankenschlangen in Luft auflösen, *besitzt* DEIN SELBST deinen derzeit stärksten Zauber: deine handschriftlich verbrieften Ich-danke-Sätze. Mit diesen in deinen *täglich dankbaren* Händen sorgst du dafür, dass negative Gefühle verwandelt werden und dir den Weg frei geben. Kurz gesagt: Sie öffnen deinen Horizont, dein Bewusstsein für einen (nicht selten vollkommen unerwarteten) neuen Himmel. Hierin liegt der ganze Lohn ausgestandener Ängste. Wichtig ist, dass du dran bleibst am Ziel: **‚Ja ich will: Ich will meine Geschenke; ich will glücklich sein; ich will mich (zurück)! Glücklich.'** Die ermutigende Nachricht für zwischendurch lautet:

Bereits nach ca. 6 aufeinanderfolgenden Tagen *intensiver* Dankbarkeit sinkt die Tendenz der wahnsinnigen Gedankenschlangen, weitere Köpfe auszufahren. Ihre böse zischelnden Zungen verebben insofern, dass immer weniger nachwachsen. Es entwickelt sich sukzessive ein konstruktiver Zustand, der den angenehmen Wind emotionaler Zufriedenheit mit sich trägt und der darauf beruht, dass sich die alten Muster auflösen und solche Fäden zueinanderfinden, die DEINEM Willen entsprechen: **‚Ja ich will: Ich will meine Geschenke; ich will glücklich sein; ich will mich (zurück)! Glücklich.'**

Die bewusste, sorgfältige Hinlenkung der dankbaren Aufmerksamkeit auf deine Lebensgeschenke nach den ersten *ununterbrochenen* 13 Tagen hingebungsvoller, ehrgeiziger, beharrlicher Wiederholung treibt tiefe Wurzeln in dein bewusstes Bewusstsein. Solange (oder vielmehr so wenig!) Zeit benötigt das Gehirn, um neuronale Verbindungen umzustrukturieren und zwar weg vom Selbstzweifel hin zum Selbstvertrauen! *Mindestens* 7 Tage davon liegen bereits hinter dir, wurden von dir gemeistert. Schau, was sich in dir und in deinem äußeren Leben getan hat:

Symptome eines sich erweiternden Bewusstseins können sein (müssen nicht, da sie individuell verschieden sind):

- eine gesunde, dennoch ungewöhnliche Müdigkeit, ähnlich derer, die innerhalb der Rekonvaleszenzzeit, also nach einer ausgestandenen Krankheit auftritt und einen tiefenerholsamen Schlaf ermöglicht.

- motorische Schwierigkeiten, insofern, dass dir häufiger als sonst Gegenstände entgleiten (sie können ein Zeichen deines sich in Richtung höherer Achtsamkeit gewandelten Bewusstseins sein, während deine Motorik einem größeren Gewahr-SEIN noch hinterherhinkt. Hier empfiehlt es sich, die ‚Turbinen' herunterzudrehen, die Bewegungen zu verlangsamen, statt durch das Leben zu hetzen.) –

„In der Ruhe liegt die Kraft,
der Weise, welcher sie hat über sich gebracht,
der ruhet, wenn er läuft und geht, wenn er betracht`."

(Angelius Selius)

- eine erhöhte Sensitivität, zum Beispiel durch eine veränderte Geräusch-Geruchs-oder Geschmacksempfindlichkeit (viele Menschen beginnen spätestens an diesem Punkt automatisch ihre Ernährung in Richtung gesund umzustellen.)

- ein gesteigertes Bedürfnis nach Flüssigkeitsaufnahme, sehr viel Durst durch einen erhöhten Energiebedarf des Gehirns

- eine Veränderung des Stoffwechsels durch gezielten Atem- und Wasserkonsum

- eine erhöhte Traumaktivität bzw. eine ausgeprägtere Traumerinnerung, skurrile, extreme und lustige Träume durch die Umstrukturierung der neuronalen Verbindungen

- eine Steigerung der Kreativität und des schöpferischen Tuns,
eine höhere Gelassenheit,
die Hervorhebung bislang vernachlässigter Persönlichkeitsaspekte,
eine größere Unabhängigkeit durch mehr Selbsterkenntnis, Selbstbewusstsein, Selbstvertrauen

- ein auffälliges Auftreten von Synchronizitäten, sogenannten ‚sinnvollen Zufällen', die in Wahrheit natürlich keine Zufälle sind, sondern Spiegel einer erweiterten Wahrnehmungsfähigkeit. Hierbei handelt es sich um Dinge, die dir vorher schlicht nicht aufgefallen sind, aber schon immer da waren und als Möglichkeiten zur Verfügung standen/stehen. Im Zauberwald treten sie als Wunder auf

Jede eintretende Veränderung, *sei sie auch noch so klein*, kann als positives Zeichen deiner Bewusstseinserweiterung verstanden werden, auch wenn diese Entwicklung mitunter von Unannehmlichkeiten begleitet wird. Die größten Krisen sind die stärksten Hoffnungsträger. Ergreife sie! Je höher die Hürden, desto immenser sind auch deine Erfolgsaussichten.

Kehre zu den LICHTBLICKEN auf **Seite 41** zurück, stärke dich dort und beschließe diesen Hain am 15. Tag deiner Bewusstseinsreise mit seinem 3. Zauberschritt!

„Der Mensch, das Augenwesen, braucht das Bild."

(Leonardo da Vinci)

3. Zauberschritt *(ca. 15 Minuten innerhalb von 3 aufeinanderfolgenden Tagen)*

Tag 15 - 17 *Datum von:* ___________ *bis:* ___________

Du brauchst die **Bilder auf den Seiten 56 – 68** *in diesem Buch und eine Pause*

Zauberwaldauftrag:

Lege eine dreitägige Pause ein, in der du es dir so gut wie möglich gehen lässt! Die nachfolgenden Bilder werden dich in diesem Bewusstseinsprozess unterstützen.

a) Betrachte das Bild auf Seite 54!

b) Nun stell dir vor, dass du unterwegs bist und zwar reist du mit einer Art fliegendem Schiff durch den Zauberwald deines Lebens, das den Namen *Ich liebe mich* trägt.

Dein Schiff besitzt ‚Kabinen'. Jede ‚Kabine' ist mit einer anderen Formgebung bzw. Energie ausgestattet. Auf den folgenden Seiten findest du Bilder, die den wichtigsten ‚Kabinen' deiner Lebensreise entsprechen.

c) Blättere die nächsten Seiten durch und wähle nach **nicht mehr als 15 Minuten** ein Bild, das dir *im gegenwärtigen Moment* am besten gefällt.

Die Bilder sind in Graustufen abgebildet, da dir diese Form ihrer ersten Präsentation die Auswahl erheblich erleichtert.

Sollte dir ein Bild besonders ins Auge fallen, so wähle es spontan. UND: **Bleibe in jedem Fall bei deiner ersten Wahl!** Die 15 Minuten können durchaus verkürzt, sollten jedoch auf gar keinen Fall verlängert werden.

Notiere dir die Nummer deines gewählten Bilds!

Du wirst an anderer Stelle genug Muße haben, dich in weitere Betrachtungen zu vertiefen. Nimm das von dir ausgewählte Bild mit in deine dreitägige Ruhephase. Am Ende der Galerie erwarten dich ‚Lagunen der Schönheit und Hoffnung'.

Stelle dir einen Alarm von 15 Minuten! Lies NICHT weiter, bevor du dir **ein** Bild ausgesucht hast! JETZT! ...

Bild Nummer 12

Bild Nummer 11

Bild Nummer 10

Bild Nummer 09

Bild Nummer 08

Bild Nummer 07

Bild Nummer 06

Bild Nummer 05

Bild Nummer 04

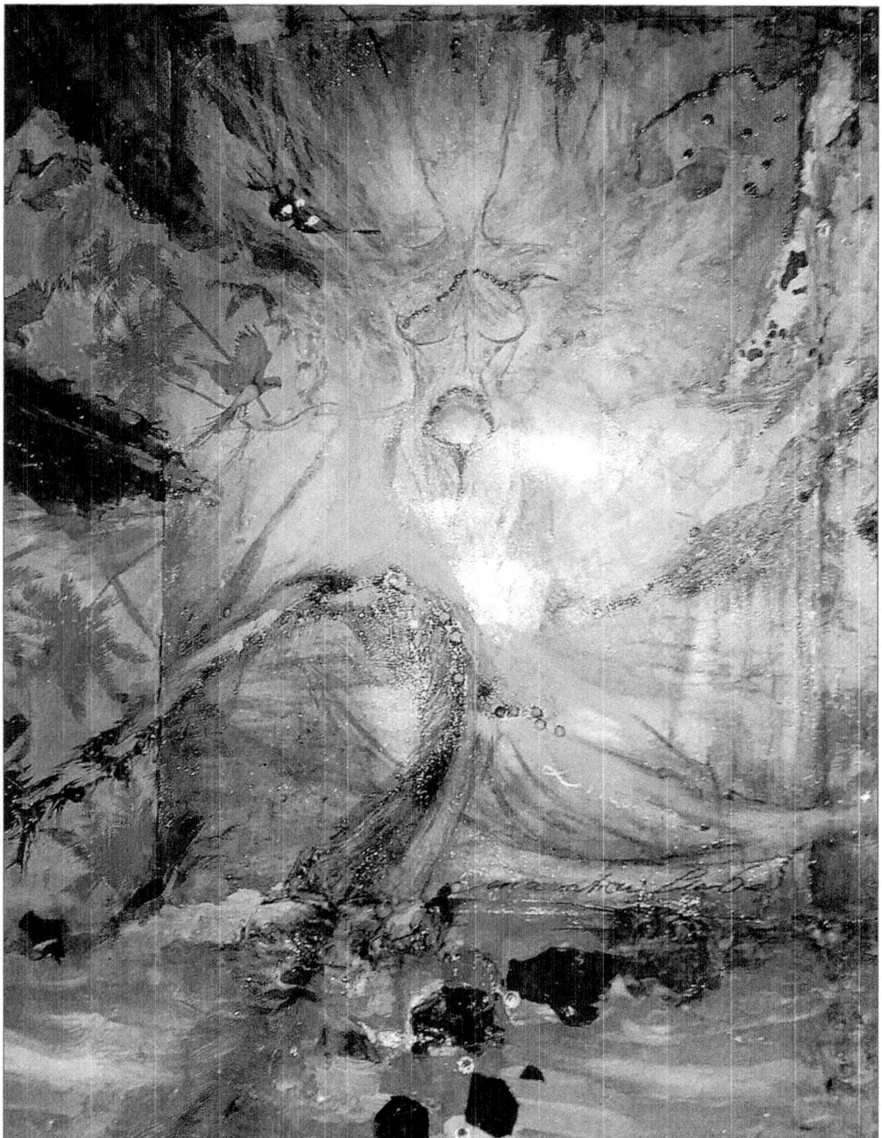

Bild Nummer 03

Bild Nummer 02

Bild Nummer 02 a

Bild Nummer 01

Lagunen der Schönheit und Hoffnung

Deinem gewählten Bild wohnen Informationen inne, die dir wohlmeinende Reiseempfehlungen schenken, dergestalt, dass sie dir aufzeigen, in welche Blickrichtung du den Fokus deiner Aufmerksamkeit lenken kannst, um alle deine Pausen so beschwingt, heiter und zuversichtlich wie möglich zu verbringen. Anhand der ‚Kabinen'-Ziffer auf der vereinfachten Darstellung deines ‚Ich-liebe-mich-Schiffs' findest du dein gewähltes Bild mit seiner Nummer wieder:

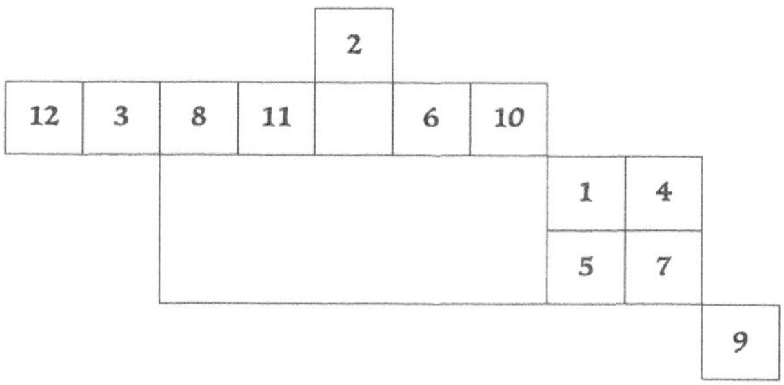

Jede der 12 ‚Kabinen' ist mit einem Zauberwaldbild ausgestattet. Die in der ‚Kabine' eingetragene Bild- Nummer zeigt dessen Position. Mit Hilfe deines gewählten Bildes kannst du **deine gegenwärtige Lebenslage** ablesen:

Du findest die Informationen auf den Folgeseiten, deren kurze Texte Wegbereiter deiner weiteren Reise und *keinesfalls* als Kritik, ‚Hausaufgabe' oder Ähnliches zu verstehen sind. **Sie geben dir das wieder, was du in der Wahrheit deines Wesens bist,** auch wenn dein Verstand mitunter heftig gegen dich steuert. Du wirst allmählich immer schärfer erkennen können: **Das Zepter über dein Leben schwingst du. DU hältst das Steuer in deiner Hand:** Verbringe sowohl deine dreitägige Pause als auch jede andere Lage deines Lebens **unter dem Motto eines Schiffs, das auf seiner Flagge: ‚Ich liebe mich.' trägt!**

Dein Bild hält - außer seinen Informationen - eine Affirmation und Düfte für dich bereit, mithilfe derer es dich an deine ‚Ich-liebe-mich'-Tatsache' erinnert. Die Düfte verbessern (nicht nur) deine Lebensqualität. Verwende sie als Öle in Duftlampen, als getrocknete Brennstoffe in feuerfesten Behältnissen oder auch in Cremes und Parfümen.

Sprich immer wieder still für dich oder laut die jedem Bild und Duft entsprechende Affirmation. Da sie wahr ist, musst du weder an sie glauben noch deinen Glauben erzwingen. Die Wahrheit IST.

Das gegenwärtig von dir bevorzugte Bild ist, was du selbst bist, selbst dann, wenn du es (noch) nicht glauben kannst.

So genieße deinen Aufenthalt:

Bild Nr. 1
Phönix oder Die Zeit
(Seite 68)

Sprich:
Licht ist frei. Licht bin Ich. Ich bin frei.

Mir gebühren:
Entspannung
innerer Frieden
Rückzug
Gelassenheit
Humor
Hingabe
Vertrauen
Horizonterweiterung
Erlösung

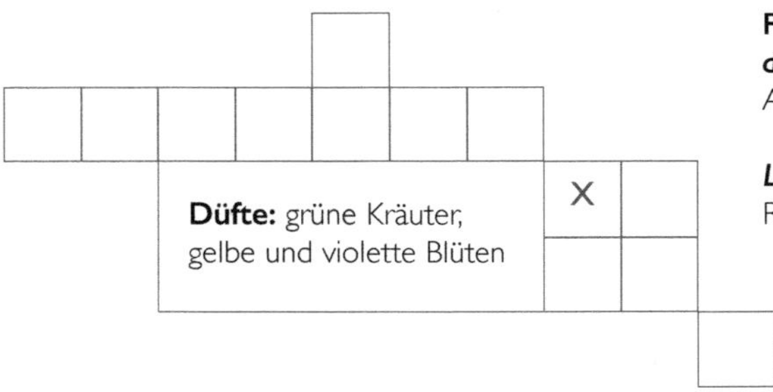

Position X =
deine gegenwärtige Lebenslage:
Außendeck, Terrasse mit Pool

Lebensqualität:
Revue passieren

Du schaust zurück, während die Fahrt für dich weitergeht. Du siehst, was hinter dir liegt, beglückt über die Erinnerungen an all die Menschen, Dinge und Begebenheiten, die du in deinem Dasein bereits erleben und welch wertvolle Erfahrungen du mit ihnen sammeln konntest, genießt dabei den Augenblick und sorgst durch gezielte Entspannungserlebnisse für deinen inneren Frieden.

Bild Nr. 2/2a
Christus
(Seiten 66/67)

Sprich:
Ich bin ein lebendiger Traum im Gezeitenraum,
Kreateur meines Lebens, Licht,
das sich selbst durch Lebensfreude besticht.

Mir gebühren:
Klarheit
Bewusstheit
Inspiration
Wahrheit
Schönheit
Fülle
Charisma

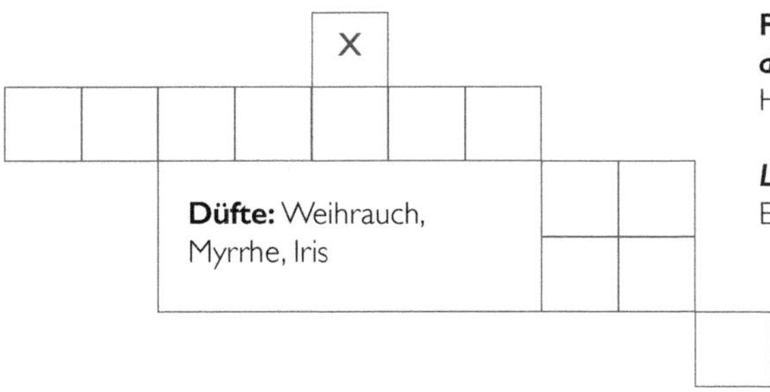

Position X =
deine gegenwärtige Lebenslage:
Hauptmast, höchste Aussicht

Lebensqualität:
Erkenntnismacht

Du bist in der beglückenden Lage, eine Metaebene einzunehmen und von hier aus dein Leben zu betrachten. Diese Perspektive ermöglicht es dir, über den Dingen zu stehen: Keine Schuld, keine Scham, kein Bedauern. Du kannst erkennen, in welche Richtung dein Schiff steuert, weil du darauf achtest, womit du dich gegenwärtig am meisten beschäftigst, welche Gefühle und Gedanken dich bewegen. Sie geben dir deine Zukunft vor, denn die Zukunft schöpft aus der Gegenwart und diese besteht aus den Emotionen, die du einst in die Zukunft gesandt hast.

<u>Bild Nr. 3</u>
Aphrodite
(Seite 65)

Sprich:
Ich bin vollkommen.

Mir gebühren:
Wohlstand
Empathievermögen
Halt
Stärke
Kraft
Authentizität
Macht

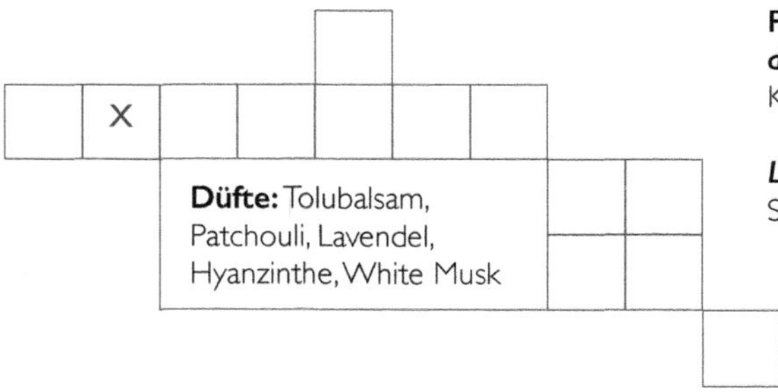

Position X =
deine gegenwärtige Lebenslage:
Kommando-Point, Befehlszentrale

Lebensqualität:
Steuermacht

Du bist mit allen Geschenken ausgestattet, derer ein Leben in höchster Zufriedenheit bedarf. Durch ihr Fundament besitzt du das Selbstvertrauen, dich in den Ozean des Lebens einzulassen. Du genießt alles, was du hast, kannst und bereits erreichen konntest und trägst die Verantwortung dafür, deine Gaben, Talente und Fähigkeiten zu deinem Wohl und dem Wohl deiner Mitmenschen einzusetzen. Du baust keine Widerstände auf, die ihren Wert herunterhandeln, mit anderen vergleichen oder gänzlich ablehnen. Du bist bereit, als Kapitän deiner Lebensreise das Steuer zu übernehmen, in Liebe und Dankbarkeit bis zum letzten Hafen.

Bild Nr. 4
Mors Janua Vitae oder Der Tod
(Seite 64)

Sprich:
Ich bin.

Mir gebühren:
Lebensgenuss
Optimismus
Anerkennung
Mitgefühl
Verzeihen
Erholung
Veränderung
Weiterentwicklung

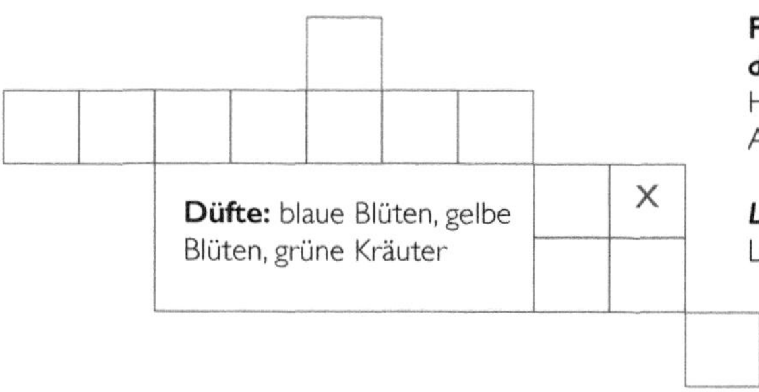

Position X =
deine gegenwärtige Lebenslage:
Heck mit offener Aussichtsplattform

Lebensqualität:
Lebenslehren

Die Vergangenheit liegt hinter dir, durch wie viele Täler du in ihr auch gegangen bist. Dein Leben findet in der Gegenwart statt. Du bist im Augenblick und schaust von hier aus auf das, was war, was ist und was sein kann; ziehst deine Lehren und deren Konsequenzen; dein Resümee in der sicheren Gewissheit, dass dein Schiff dich weiterhin vorwärts trägt. Du genießt die unendlichen Möglichkeiten deiner faszinierenden Zukunft, träumst von den Häfen, in die du einkehrst; schmiedest Pläne für deine nächsten Reiseziele. Das Leben geht weiter und du mit ihm.

<u>Bild Nr. 5</u>
Aurora
(Seite 63)

Sprich:
Ich bin stark.

Mir gebühren:
Freiheit
Erkenntnis
Ausdehnung
Erfüllung
Nächstenliebe
Wertschätzung

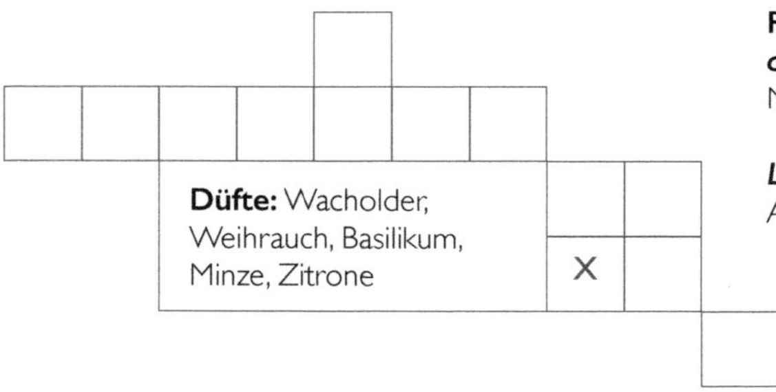

Position X =
deine gegenwärtige Lebenslage:
Maschinenraum

Lebensqualität:
Antriebskraft

Du bist Wasser und Licht, in dir wirkt Licht durch das Wasser über deine Atemkraft und die Atmung deiner Zellen. Du gibst dir selbst viel Atemspielraum; grenzt dich und andere nicht durch harsche Werturteile ein. Du denkst gut von dir und deinen Mitwesen, wünscht dir und ihnen das Beste. Du überprüfst deine Glaubensgrundsätze und streichelst die unter ihnen, die dafür sorgen, dass du deine Gaben, Talente und Fähigkeiten optimal leben und auskosten kannst; insbesondere solche, die dir gegenwärtig am meisten bedeuten. Du nährst den Boden deiner täglichen Erlebnisse und Ergebnisse mit Wasser und Licht, indem du positiv von dir selbst und deinen Mitmenschen denkst und sprichst. Du bist absolut gut.

<u>Bild Nr. 6</u>
Der Große Geist
(Seite 62)

Sprich:
Ich bin ich.

Mir gebühren:
Vertrauen
Achtung
Gemeinschaft
Harmonie
Streben

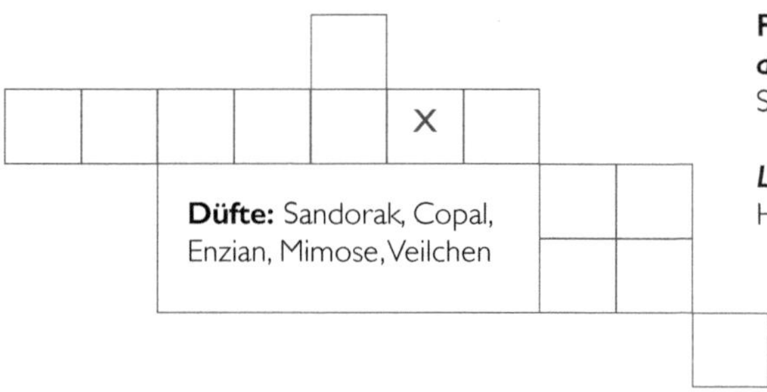

Position X =
deine gegenwärtige Lebenslage:
Sanatorium mit Spa

Lebensqualität:
Heilung

In deinem Leben finden viele Taten statt, die dir Vergnügen bereiten und gleichsam Erholung verschaffen - Genuss und Entspannung pur, die dich rundherum reinigen und erneuern, sodass du weitreichende Zuversicht daraus schöpfen kannst. Du trennst dich von allem Ballast, entschlackst deinen Körper und deinen Geist. Dazu gehören der liebevolle Austausch mit klar erkennbaren seelenverwandten Menschen und Tieren sowie Gesundheit durch Pflanzen, ebenso der Rückzug in die Stille des Alleinseins wie z. B. durch eine Schwimm-oder Gangmeditation.

Bild Nr. 7
Die Trinität
(Seiten 61)

Sprich:
Ich bin im Licht.

Mir gebühren:
Authentizität
Selbstverwirklichung
Fortbestand

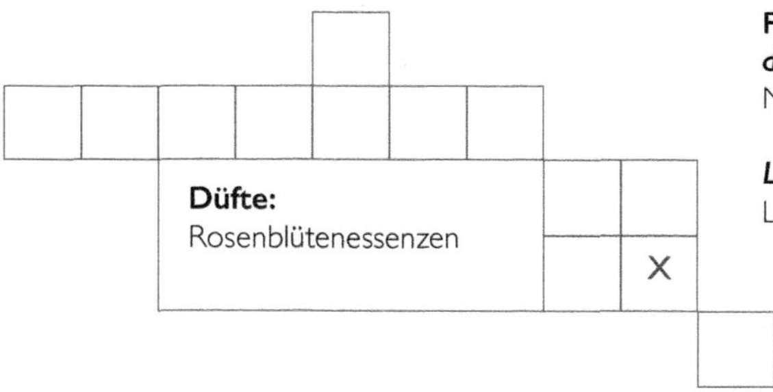

Position X =
deine gegenwärtige Lebenslage:
Motor, Schiffsschraube

Lebensqualität:
Lebenstrieb

Du bist ein Energieträger, der das empfängt, was er bereit ist, anzunehmen; im Guten wie im weniger Guten – Ein Motor läuft nicht ohne eine Quelle, ebenso wenig passieren dir Dinge aus dem Nichts heraus. So wie ein Motor nur durch Kraftzufuhr funktioniert, bewegt sich auch dein Leben auf dem Spielfeld von Ursache und Wirkung/Wirkung durch Ursache. Nichts darin geschah je zufällig. Nichts wird je zufällig geschehen. Die Hauptursache aller Ursachen bist du mit deinen Meinungen über das Leben und deinem persönlichen Wertgefühl darin. Auf der Bühne des Daseins bist du dein Darsteller: Du schätzt den Wert deiner Gaben, Talente und Fähigkeiten als hoch und deine individuelle Kombination einzigartig ein, erwartest viel von deinem Leben und dir und spielst dich authentisch aus – volle Kraft voraus!

Bild Nr. 8

Mara Amrita

(Seite 60)

Sprich:

Ich bin Schöpferin meines Lebens,
dieses offenen und wandelbaren Wesens.

Mir gebühren:

Kreativität mit Selbstbewusstsein
Vitalität
Frohsinn
Humor
Intuition
Autarkie

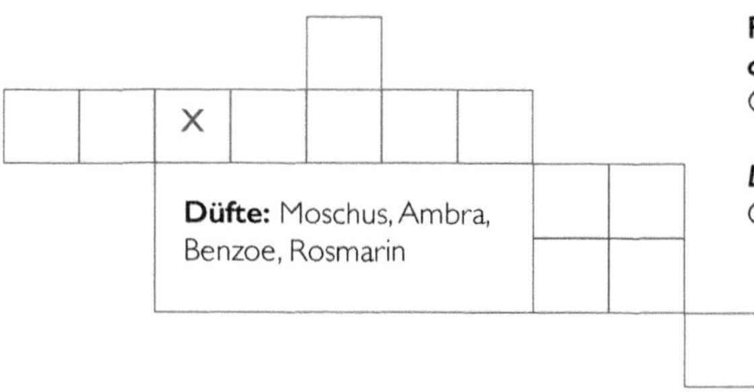

Position X =
deine gegenwärtige Lebenslage:
Offizierquartier

Lebensqualität:
Charisma

Anhand deines Tagespensums, Leistungsniveaus und deiner Energiequalität ist der Grad deines Selbstwertgefühls messbar. Dieses hängt von vielen Faktoren ab und mindestens die Hälfte davon sind den meisten Menschen (noch) unbewusst. Du kannst jedoch jederzeit auf die Aufgaben und Lasten, die du trägst, achten und tust es. Du blickst immer wieder auf die Stimmungen und Launen, die dein Leben bewegen und nutzt sie als vortreffliches Barometer, das dir zeigt, ob du gegenwärtig optimal geladen reist. Gute Laune zeigt dir dein hohes Selbstwertgefühl, Über- bzw. Unterforderung bzw. Stress ein niedriges Energieniveau; ein Tief. Du bittest dich aus jedem Tief dankbar wieder hinaus, indem du der Führung deiner Gaben, Talente und Fähigkeiten – deinem Kapitän – vertraust, sie in deine Erinnerung rufst.

Bild Nr. 9

Erit Lux oder Die Alleinheit

(Seite 59)

Sprich:

Ich bin Liebe.

Mir gebühren:

Bewusstheit

geistige Gesundheit

körperliche Unversehrtheit

Achtung

Einheit

heile Beziehungen

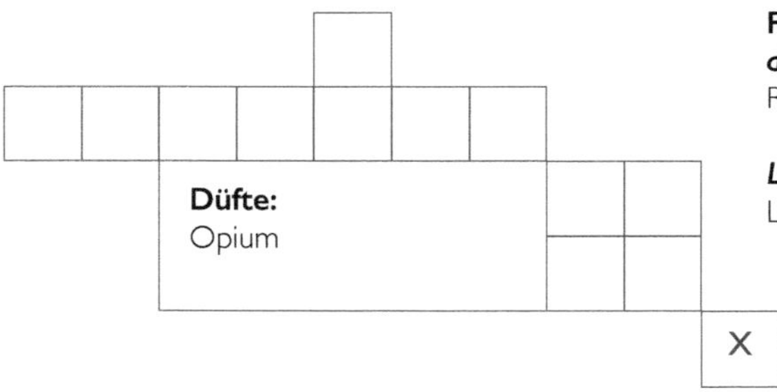

Position X =

deine gegenwärtige Lebenslage:

Ruder

Lebensqualität:

Lebensliebe

Du gibst anderen das, was du von ihnen erwartest, statt von ihnen zu verlangen: keine Aufmerksamkeit, keinen Dank, keine Liebe. Du bist Liebe; bedingungslos, frei, groß(-zügig). Gleichzeitig lässt du der Welt das Geschenk deiner Gaben, Talente und Fähigkeiten zukommen, indem du dich in Freude darin badest. Du schenkst deinen Mit-Menschen-Tieren- und Pflanzen deine Lebensfreude, deine Schwungkraft und deine Schöpfermacht in dem Wissen um die Verbundenheit allen Seins, die dafür sorgt, dass alle Fülle, die du aussendest, zu dir zurückkehrt und du zu ihr. Das Energieerhaltungsgesetz wirkt in dir. Du weißt: Das Ruder deines Lebens bist du.

Bild Nr. 10
Seelenfeuer
(Seite 58)

Sprich:
Ich bin eine Liebesgeschichte.

Mir gebühren:
Dankbarkeit
Verständnis
Vergebung
Zuversicht

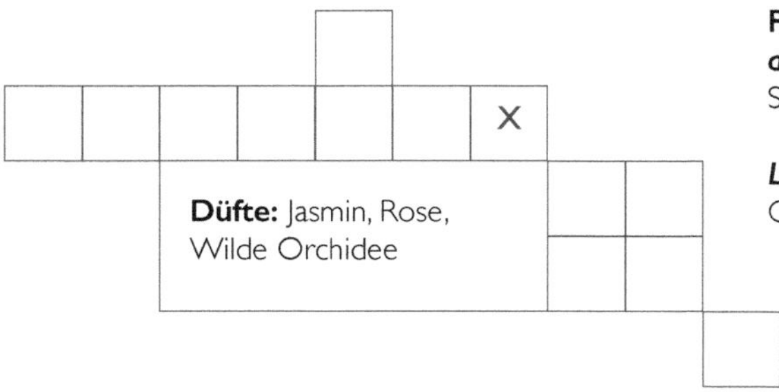

Position X =
deine gegenwärtige Lebenslage:
Speisesaal

Lebensqualität:
Glück

Du befindest dich in bester Gemeinschaft mit deinen Vorstellungen über deine Mitmenschen, bist gut genährt mit positiven Einstellungen ihnen gegenüber, offen und voller Vertrauen, dass sie dir das Beste bringen, was dir derzeit zuträglich bzw. erträglich ist. Du trägst die Verantwortung für alles, was dir in deinem Leben begegnet. Dir ist klar, dass deine Umwelt wie ein Spiegel fungiert, der dir das zurücksendet, was du von innen nach außen abstrahlst. Deine Umwelt ist dein Königssiegel, das dir zeigt, wie gut oder weniger gut du das Zepter über dein Leben schwingst. Von hier aus nimmst du deinen Einfluss auf die Welt. Jedes Lächeln, das du aussendest und das wieder zu dir zurückkehrt, zeigt dir die Macht deiner gesundenden und heilen Psyche. Du lächelst und lachst viel mit anderen und auch für dich allein.

<u>Bild Nr. 11</u>
Adam & EvAdam oder Eve
(Seite 57)

Sprich:
Ich bin wirksam.

Mir gebühren:
Lebensenergie
Lebenswille
Fokussierung
Konzentrationskraft

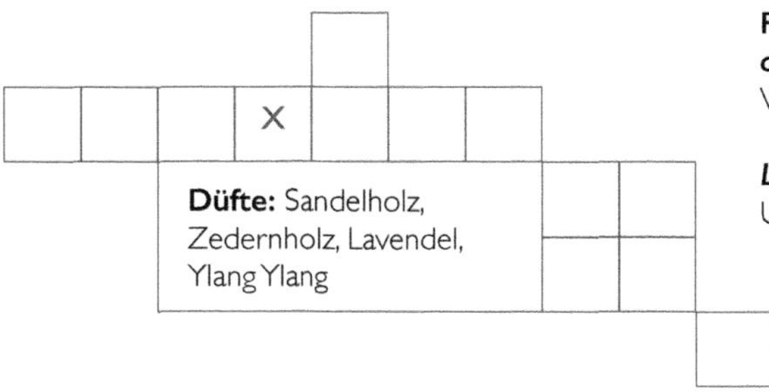

Position X =
deine gegenwärtige Lebenslage:
VIP - Lounge

Lebensqualität:
Ursächlichkeit

Du bist eine Very Import Person und dir dessen sehr bewusst, denn du wirst gebraucht. Die Welt wäre ohne dich und deine Gaben, Talente und Fähigkeiten unvollständig. Um deinen ureigensten Beitrag an der Fülle des Lebens optimal leisten zu können, achtest du auf dich wie eine Mutter auf ihr Kind. Du sorgst für dich, weil dir klar ist, dass dein innerer Tank gefüllt sein muss, damit du aus deinem ganzen Herzen heraus geben kannst. Du behandelst dich so gut; so aufmerksam, um- und weitsichtig, wie du es mit den dir allerliebsten Menschen, Tieren und Pflanzen tust, tun willst oder tun würdest. Du lässt dir alle Liebe, Pflege, allen Wohlstand zukommen, die deinem optimalen Gedeihen gebühren, in dem Bewusstsein, dass auch andere von dir und deiner tätigen Selbstachtung profitieren. Du bist dir selbst und anderen die größte Prominenz.

Bild Nr. 12
Tiamat
(Seite 56)

Sprich:
Ich bin mein größter Schutz.

Mir gebühren:
Intelligenz
Gelassenheit
Gottvertrauen
Selbstwahrnehmung

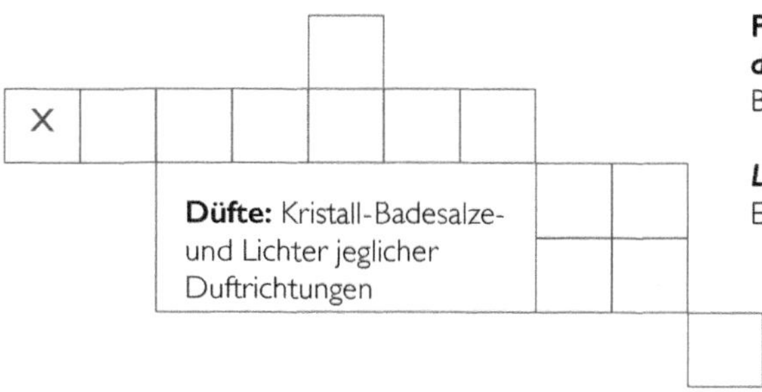

Position X =
deine gegenwärtige Lebenslage:
Bug mit Galeone

Lebensqualität:
Erfüllung

Du bist ein Radarsystem, so geschaffen, dass du auf alles reagierst, was dich zur Erfüllung deiner Lebensaufgaben bringt, optimal ausgestattet für die Befriedigung all deiner natürlichen Bedürfnisse und dabei zugleich als Sender und Empfänger tätig. Als Empfänger achtest du auf das, was deine innere Stimme dir sagt. Sie kennt deine Wahrheit, die dich immer zum Glück führt und dir Freude bereitet, vielmehr als der Verstand, der nur um die Vergangenheit weiß und dir Halbwahrheiten, oftmals sogar Lügen erzählt. Du folgst der Vernunft, statt der Ratio. An die Vernunft binden sich stets positive Emotionen. Daran erkennst du ihr Wirken. Als Sender übermittelst du deinem Unterbewusstsein Bilder der Zuversicht über die konstruktive, wachstumsfördernde Verbreitung deiner Gaben, Talente und Fähigkeiten. Dein Bug dreht seine Spitze allmählich in deren Richtung.

Die Ausspielung der Bilder

Du kannst das Spiel deines gewählten Bilds jederzeit verlängern, indem du dir ausdenkst, welche weiteren Möglichkeiten dich in dem Schiffbereich erwarten, in dem du dich derzeit befindest. Was - außer den bereits dargelegten förderlichen Betätigungen - unternimmst du dort? Male es in deiner Fantasie farbenprächtig aus.

Alle Zauberwaldbilder sind – wie anhand der Tabelle ersichtlich – außerdem mit ihren KRAFTVERSTÄRKERN verbunden.

Diese stärken deinen laufenden Bewusstseins-Prozess und helfen indirekt dabei, deine im gewählten Zauberwaldbild verankerte Wahrheit in die Tat umzusetzen. Entscheide dich für solche Kraftverstärker-Mittel, die du akzeptieren kannst und die dir Freude und Genuss bereiten!

Überdies korrespondieren die Bilder untereinander wie folgt:

Bild	Seiten	Bild (-Partner)	Seiten	Kraftverstärker	Seiten
Nr. 1	68, 70	Nr. 11	57, 80	Besinnung, Befreiung	115, 121
Nr. 2 / 2a	66 / 67, 71	Nr. 4	64, 73	Heilung	122
Nr. 3	65, 72	Nr. 5	63, 74	Schönheit	116
Nr. 6	62, 75	Nr. 9	59, 78	Wahrheit, Befreiung	124, 121
Nr. 7	61, 76	Nr. 8	60, 77	Kommunikation	118
Nr. 10	58, 79	Nr. 12	56, 81	Liebe, Besinnung	125, 115

Anhand des (wechselseitigen) Partners deines Bilds kannst du dich in den nächsten Schiffsraum begeben und dir dort weiterführende Informationen für deine Selbsterkenntnis und deinen Lebenserfolg abholen.... Und bereichert geht dein Abenteuer weiter:

Auswertung Zauberwaldhain 2

Der zweite Zauberwaldhain ist der erste Höhepunkt aller deiner bisher unternommenen Schritte, sein Geschenk das Zauberwaldbild, das von dir gewählt wurde.

Alle Zauberwaldbilder sind Bestandteile des Lebensschiffs. Ausgerüstet mit ihnen, bringt es dich zu den ‚Lagunen der Schönheit und Hoffnung'. Das mag fantastisch anmuten, tatsächlich jedoch informieren dich die ‚Lagunen der Schönheit und Hoffnung' darüber, was du im Spiegel deiner größten Wahrheit bist, und das von dir erwählte Bild zeigt deine derzeit höchste Energie und deine besten Potenziale.

Wiewohl die Kräfte, die in allen anderen ‚Kabinen' wirken, natürlich nicht still liegen, sondern weiterhin tätig sind, bildet deine momentane Position (X) innerhalb deines Lebensschiffs deinen momentan stärksten Aktivposten. Den hast du dir dank aller vorgegangenen Zauberschritte rechtschaffend erworben, den darfst und kannst du vollkommen sorglos ausspielen!

Solltest du an deiner Position (X) zweifeln, dann zweifelst du nur dann, wenn du mit deinem Ego unterwegs bist, statt in Gestalt deines höchsten Selbst – deines wahren Ich - von dem dein Zauberwaldbild ein Teil ist.

Dein Ego gleicht einer ‚Eselshaut',[6] die deine wahre, glanzvolle, bedeutsame Gestalt – dein höchstes Selbst – verbirgt. Das reglementierte und reglementierende Ego verstellt dir noch (!) den Blick auf deine große Wahrheit. Dein gewähltes Zauberwaldbild hingegen erlaubt es dir, diese, deine Wahrheit schrittweise zu befreien, dich aus dem schweren Mantel deiner konditionierten Ängste, Befürchtungen und Selbstverleugnungen zu schälen. Als derzeitiger Höhepunkt deiner Entwicklungsreise steht es dir mit seinen integralen Kräften und Möglichkeiten jederzeit zur Verfügung. Zum einen:

Es erinnert dich an die bewegenden Tage deiner zweiten Zauberwaldrunde, die mit deiner Dankbarkeit gegenüber deinen Gaben, Talenten und Fähigkeiten ihren Anfang nahm. Es erinnert dich an dich. Zum anderen:

Das äußerlich sichtbare Zauberwaldbild vermischt sich mit deinen bereits vorhandenen inneren Bildern, die dein Fühlen, Denken und Handeln leiten und beeinflusst sie positiv. Es wirkt besonders auf solche Gedächtnisinhalte, die noch Disharmonien in dir und deinem Leben hervorrufen; dein Ego bedienen und glättet deren Wogen.

Stell dir diesen Prozess vor, wie eine reinigende Flüssigkeit, die in Wasser eingeleitet wird, das einer Klärung bedarf. Diese Flüssigkeit, die sich mit der zu klärenden vermischt, besitzt keine Farbe, ebenso wenig wie die Schwarz-Weiß-Abbildungen in diesem Buch. Die Abbildungen in Graustufen sind an dieser Stelle deiner Reise absolut richtig für dich.

Fußnote

6. Nach dem französischen Märchen ‚Peau ´d Âne' von Charles Perrault

▪ Auch das menschliche Gehirn ist grau und in seiner äußerlichen Grauheit in der Lage, die farbenprächtigsten Emanationen in deinem Bewusstsein sichtbar zu machen. Ebenso wirken die Zauberwaldbilder unterschwellig machtvoll durch ihre Formen, Kompositionen und Schattierungen.

▪ Es nicht notwendig, an den bewusstseinserweiternden Erfolg des Bildzaubers zu glauben. Er stellt sich automatisch ein, da die neuronalen Reaktionen auf visuelle Informationen – gleichgültig wie verschlüsselt diese erscheinen – naturgegeben sind und unmittelbar erfolgen.

Widme dich der Affirmation, der Position und den Informationen, die zu deinem Zauberbild gehören, solange, bis sie dir in Fleisch und Blut übergegangen sind. Die folgenden Ergebnissicherungen unterstützen dich dabei. Entscheide dich für eine, zwei oder alle drei:

Ergebnissicherung a:

▪ Lese dir den Text, der zu deinem Zauberwaldbild gehört, vor dem Einschlafen 1 – 3 Mal langsam durch. Vollziehe dieses Ritual möglichst innerhalb der nächsten 3 Abende, bestenfalls **1 – 2 Mal pro Woche** *bis zum Ende des dritten Zauberwaldhains;* bis zum 21. Tag deiner Bewusstseinsreise.

Sieh, was sich am 22. Tag ereignet! Trage dir deinen 22. Tag im Zauberwald in einem Kalender ein!

▪ Schließe die Augen und sehe dich selbst immer wieder in der ‚Kabine' deines Lebensschiffs, in der sich dein Zauberwaldbild befindet. Überlege dir, was du dort Schönes treibst und schlafe dabei entspannt ein.

Lege dir bei Bedarf ‚Die Rückkehr in den Zauberwald' mit der aufgeschlagenen Seite deines gewählten Bilds neben das Bett. Sei nach jedem Aufwachen gespannt, wohin dein Schiff dich trug, während du schliefst!

Ergebnissicherung b:

▪ Nutze die von dir in diesem zweiten Zauberwaldhain eroberten LICHTBLICKE als Erinnerungen an dein Zauberwaldbild.

Stelle dir, sobald ein LICHTBLICK deiner Wahl deine Aufmerksamkeit aktiviert, dein ausgesuchtes Zauberbild vor und verleihe ihm die Farben deiner eigenen Fantasie. Stelle dir dein Zauberwaldbild in deinen Lieblingsfarben vor!

Ergebnissicherung c:

- Schreibe die Affirmation deines Bilds in dein Notizheft und sprich sie dir mithilfe der LICHTBLICKE mehrmals täglich vor.

Die Aufmerksamkeit, die du deinen Gaben, Talenten und Fähigkeiten bislang widmen konntest, die Freude, mit der du ihnen begegnen durftest und die Hingabe, die du dir selbst während deiner Heldenreise im Zauberwald schenktest, mehren deine Selbsterkenntnis, ebenso wie dein Selbstvertrauen, deinen Lebensgewinn und -erfolg.

Wenn du an dieser Stelle deiner Reise das Gefühl hegst, dass Aufmerksamkeit, Freude und Hingabe nicht ausreichend genug aktiviert waren, weil die innerlichen und äußerlichen Hindernisse zu groß, der (mehr oder weniger) verborgene Saboteur, das Ego, (noch) zu mächtig war, erzeuge Aufmerksamkeit, Freude und Hingabe JETZT in dir:

Hole die Seiten 8, 9, 10 deiner Aufzeichnungen hervor und widme dich den dort verbrieften Dankbarkeits-Sätzen mit all der dir derzeit zur Verfügung stehenden Inbrunst, indem du sie dir noch einmal so leidenschaftlich wie möglich vorliest. – Grinsen, Schmunzeln, Lachen sind dabei unbedingt erlaubt!

Schreite sodann zuversichtlich im Zauberwaldhain 3 voran! Zauberwaldhain 3 vertieft den Prozess deiner **Selbsterkenntnis durch Lebensfreude** einmal mehr. Versprochen!

Zauberwaldhain 3 / Woche 3

Dieser dritte Zauberwaldhain dient deiner Selbstliebe.
In ihm erhöhst du dein Eigenvermögen, indem du deine Gaben, Talente und Fähigkeiten so betrachtest, dass sich weitere Lichtblicke auftun.

„Die ganze Welt ist Bühne
Und alle Frauen und Männer bloße Spieler.
Sie treten auf und gehen wieder ab,
Sein Leben lang spielt einer manche Rollen
Durch sieben Akte hin."

(William Shakespeare:
Wie es euch gefällt, Kap. 11, Szene 7:
Ein anderer Teil des Waldes)

„Das Leben ist eine Vorstellung,
die ich von mir selbst gestalte,
die ich demzufolge abhalte,
indem ich mich anderen dementsprechend präsentiere."

(Gabriele da Marconte)

In diesem Zauberwaldhain deiner nunmehr fast dreiwöchigen Reise wird deiner größeren Wahrheit gedient. Wir zerreißen das Kleid deiner Unkenntnis, das dich bislang einengte, verkleidete, dich nicht richtig erkennen ließ, wer du wirklich bist, was in dir steckt und - nach außen will, sodass sich deine *wahren* Herzenswünsche erfüllen können.

Ausschlaggebend für alles, was dir in deinem Leben begegnet, für alles, was du während deiner kurzen Reise auf diesem wunderschönen, farbenprächtigen, faszinierenden und wahrlich zauberhaften Planeten Erde erlebst, alles, was dir die Bühne der ‚Terra Magica' bereitet, kommt aus dir selbst heraus.

ALLES hängt von deinem gerade gültigen Identitätsgefühl, dem Bewusstsein, das du von dir selbst besitzt, ab.

Dein Selbstbewusstsein wirkt sich auf die Rollen aus, die du im Leben einnimmst. Diese Rollen spielen sich innerhalb deines Gefühlsspektrums ab und schwanken oft erheblich, denn natürlich spielst du nicht alleine, sondern bist beeinflusst von den Gedanken anderer, weil du (mehr oder weniger unbewusst) auf deren Zug aufspringst.

Das muss aber nicht sein. Es ist keine Zwangshandlung, sondern eine Frage dessen, wie du mit den Erlebnissen deiner Vergangenheit umgehst; in wieweit diese dich – positiv oder negativ – lenken.

Bevor du deine praktischen Schritte in diesem Zauberwaldhain unternimmst und dein Bewusstsein weiterhin hebst, überprüfe einmal deinen gegenwärtigen Standpunkt zur Aussage ‚Ich liebe mich' und wie du emotional darauf reagierst! Was spiegelst du dir im Angesicht der Worte ‚Ich liebe mich.' zurück? …
Solltest du dem ‚Ich liebe mich' der zurückliegenden Pause mit Erschrecken, gar Entsetzen, Scham, Zynismus oder auch nur einem schiefen Grinsen oder einer Albernheit begegnet sein, (an-)erkennst du den Wert deines Lebens und die einzigartige Kostbarkeit deiner Gaben, Talente und Fähigkeiten darin (noch) nicht vollständig. Das lässt sich ändern, denn Gefühle sind Gott sei Dank wandelbar. Darin liegt ihre größte Stärke. Diese notwendige Änderung führt dein Besuch im dritten Zauberwaldhain herbei.

Wenn dir die Tatsache, dass du dich liebst, keinerlei Probleme bereitet:

Großartig!!! Weiter so!!! Voila – Vorhang auf!

1. Zauberschritt *(ca. 30 Minuten)*

Tag 18 *Datum:* ___________

Du brauchst die Seiten 8, 9, 10 deiner Dankbarkeitssätze, einen Textmarker, einen Alarm, dich ansprechendes Papier oder dein Notiz-bzw. Tagebuch, deinen Schönschreibstift

Zauberwaldauftrag:

Nimm die Seiten mit deinen Dankesätzen zur Hand und lese sie noch einmal still.

Stelle dir *anschließend* einen Alarm von drei Minuten. Unterstreiche innerhalb dieser Zeitspanne zwei Gaben, die sich noch unsicher anfühlen, zwei Talente, denen gegenüber dein Dank nicht ausreichend vorhanden ist, zwei Fähigkeiten, die dir eher weniger dankenswert erscheinen.

Wo wankst du noch innerhalb deiner Dankbarkeitsgefühle?

Gegenüber welchen 6 Geschenken fühlst du deinen Dank eher schwach?

2 unsichere Gaben, 2 unsichere Talente, 2 unsichere Fähigkeiten, ein (Text-)Marker,
3 Minuten, du! JETZT!

Verändere NICHTS, sondern Häkchen setzten: ☐

Nimm nun dein schönes Blatt Papier bzw. dein Notizbuch und schreibe folgende Überschrift:

Mein Geschenk für die Welt
Unterstreiche diese Überschrift besonders sorgfältig bzw. dick, denn sie ist so enorm wahr, dass sie es verdient, so gut behandelt zu werden.

Nummeriere dieses Blatt mit der
Seitenzahl 11.

Transkribiere abschließend jeden der 6 von dir markierten, noch nicht ausreichend glücklichen Dankesätze in ein glückliches Geschenk, indem du z. B. Folgendes schreibst:

Mein Geschenk für die Welt bin ich als erfolgreicher/erfolgreiche … , der/die mit … Freude bereitet.

ODER
Mein Geschenk für die Welt bin ich mit meiner/meinen … , weil sie meine/meiner/meinen … positiv beeinflussen.

ODER
Mein Geschenk für die Welt bin ich an der Seite meines/meiner … /von … , da wir als … wirken, um …

ODER
Mein Geschenk für die Welt ist mein Glück und meine Freude über … und so fort.

Finde deine eigenen, dir entsprechenden Formulierungen.

Es gibt unendlich viele Ausdrucksmöglichkeiten, deinen Dank gegenüber deinen Gaben, Talenten und Fähigkeiten in wohlmeinende Geschenke zu kleiden - und auch wenn dir dieser gerade gegenüber den 6 markierten noch nicht geheuer erscheint, so wird sich das ändern, sobald du sie als DIE angebrachten Geschenke, die sie *sind*, akzeptieren kannst. Das Ziel findet den Weg!

Vollziehe nun die folgenden Bewusstseinsstufen a – c! Du benötigst für jede der drei Stufen ca. 10 Minuten (mehr Zeit sollten sie dich nicht in Anspruch nehmen!), die du dir mit dankenswerten Besinnungspausen über den Tag hinweg einteilen kannst.

Schreibe die 6 Sätze auf das Blatt mit der Seitenzahl 11 unter die Überschrift:

Mein Geschenk für die Welt

a) Blatt 8 deiner GABEN:

Formuliere **auf Seite 11** deiner Aufzeichnungen zwei schriftliche Geschenksätze aus deinen dir hier markierten Gegebenheiten. Beginne jeden Satz neu mit

Mein Geschenk für die Welt … …
und setze dir das Häkchen: ☐

b) Blatt 9 deiner TALENTE:

Kleide die zwei markierten Talente in Geschenke auf **Seite 11**. Beginne wieder jeden Satz mit

Mein Geschenk für die Welt … …
und setze dir das Häkchen: ☐

c) Blatt 10 deiner FÄHIGKEITEN:

Achte und ehre deine 2 markierten Fähigkeiten, indem du sie als Geschenk-Sätze an **Seite 11** überbringst und setze dir das Häkchen: ☐

Beschließe diesen ersten Schritt im dritten Zauberwaldhain, indem du deine Geschenk-Seite 11 ihrer Vollendung zuführst: Schreibe unter die 6 von dir vollbrachten Sätze den 7.:

Mein Geschenk für die Welt bin ich.

Setze dir das Glücks-Häkchen: ☐

2. Zauberschritt *(freie Zeitintervalle)*

Tag 19 - 21 *Datum von:* ___________ *bis:* ___________

Du brauchst die Seiten 8, 9, 10 deiner Dankesätze, Seite 11 deiner Geschenke und weitere Lichtblicke

„Diejenigen, die alle Wesen in sich selbst sehen
und sich selbst in allen Wesen sehen,
kennen keine Furcht.
Diejenigen, die alle Wesen in sich selbst sehen
und sich selbst in allen Wesen sehen,
kennen kein Leid.
Wie kann die Vielfalt des Lebens denjenigen betrügen,
der seine Einheit sieht?"

(Isha Upanishad)

Dieser Zauberschritt dient der Intensivierung deiner bewussten Schau. Besinne dich auf die Lichtblicke, die dir zu Beginn deiner Reise begegnet sind (S. 41), da du dich für sie geöffnet hast. Fahre nun damit fort und erweitere gleichzeitig dein Bewusstseinsprogramm, indem du neues Reiseproviant mit auf deinen Weg nimmst, wie folgt:

Zauberwaldauftrag:

a) Lese dir innerhalb dieser drei Tage **1x täglich** deine gewohnten **Dankesätze** auf den ***Seiten 8 – 10*** deiner Aufzeichnungen durch. Nutze dazu die Lichtblicke deiner Wahl.

b) Sprich während dieser 3 Tage ebenso **2x täglich** deine sieben auf ***Seite 11*** vermerkten **Geschenke** aus und orientiere dich auch hier an den Lichtblicken deiner freien Auswahl.

c) Nutze **mindestens 3x täglich** Situationen, die dich aufhorchen lassen, dazu, einmal kurz innezuhalten, um (still für dich oder laut) deinen **‚verkürzten' Dank** zu sprechen:

Ich danke von ganzem Herzen für all meine Gaben, Talente und Fähigkeiten, für alles, was mir gegeben ist!,
unabhängig dessen, was sich im Äußeren gerade abspielt!

Begegne einfach allen Begebenheiten, die einen Bruch in deinem alltäglichen Leben darstellen – ob gut oder schlecht – um dich auf das zu besinnen, was sich in deinem Inneren ereignet! Achte auf die Unterbrechungen deiner gewohnten Schleifen!

Hilfreich, um Brüche erkennen zu können, sind folgende Navigatoren:

Die täglichen Brüche

▪ Du fühlst dich (aus einem Grund, den du nicht verstehen musst) gerade besonders glücklich:
Ich liebe mein Leben und danke von ganzem Herzen für all meine Gaben, Talente und Fähigkeiten, für alles, was mir gegeben ist! Ich liebe mich.'

▪ Jemand greift dich (aus einem Grund, den du nicht verstehen willst) an:
Ich liebe mein Leben und danke von ganzem Herzen für all meine Gaben, Talente und Fähigkeiten, für alles, was mir gegeben ist! Ich liebe mich.

▪ Es passiert (aus einem Grund, den du alsdann vollständig verstehen wirst) etwas unerwartet Gutes, womit du absolut nicht gerechnet hast:
Ich liebe mein Leben und danke von ganzem Herzen für all meine Gaben, Talente und Fähigkeiten, für alles, was mir gegeben ist! Ich liebe mich.

▪ Es trifft dich von einem Moment auf den anderen ein Schlechte-Laune-Blitz, den du (noch) nicht einordnen kannst:
Ich liebe mein Leben und danke für all meine Gaben, Talente und Fähigkeiten, für alles, was mir gegeben ist! Ich liebe mich.

Sei dankbar für diese 4 elementaren Stimmungen des Lebens und dass sie dir anhand deiner alltäglichen Unterbrechungen so klar begegnen, dass du sie gezielt für dich verwenden kannst!

Halte deine Ohren und Augen offen für die ‚kleineren' und großen Geschenke deines Lebens und führe bestenfalls Buch darüber; nicht wie ein Richter oder Sammler, sondern in der Tat wie ein beschenkter Mensch, der sich in Dankbarkeit befindet; fühlt. Beziehe, sofern dir genug Muße (Selbstliebe) zur Verfügung steht, solche KRAFTVERSTÄRKER, die dir Freude und Wohlergehen bereiten, in deinen Tagesablauf ein.

Ein, deinem (wunder-)vollen Leben sehr dienliches Buch ist DAS BUCH DER WUNDER, das du (spätestens) ab heute für dich selbst eröffnen und mit auf deine weitere Lebensreise nehmen kannst.

Logbuch der Wunder

„Eines Tages wird dies hier 20 Jahre her sein"
(Bill Bryson)

steht unter dem Motto:
Der Tag, den ich mir heute selbst schenkte

Der Tag, den ich mir heute selbst schenkte,
ist alles, was mich heute besinnt:

ein AHA-Erlebnis und/oder eine Gänsehaut
in mir auslöst,
mich inspiriert, in Lachen ausbrechen lässt,
ins Staunen versetzt,
ein Lächeln; Genuss, Tränen der Rührung,
Falten der Nachdenklichkeit in mein Gesicht
zaubert.

Schreibe auf, was dich beeindruckt (am besten mit schwarzer Tinte, die nicht verblasst, sodass du eine lebenslange Erinnerung hast), zeichne, male, klebe auf, was dir gefällt … , dich wachrüttelt … , zu deinen Gaben, Talenten und Fähigkeiten passt … .

Dazu gehören auch Träume, Déjà-vus, Erinnerungen, ebenso Mitteilungen wie Gesprächsfetzen, Zitate, Aufschriften, die für dich bedeutungsvoll sind, Bilder, auf die dein Blick spontan trifft; Dinge, die scheinbar aus dem Nichts heraus auftauchen und dir besonnene Momente schenken.

Kreiere im LOGBUCH DER WUNDER (z. B. Seite 150) dein Selbstporträt, das aus Text, Foto, Schrift und Bild bestehen kann. Sammel persönliche Schätze - Fundstücke deines Gefallens. Sie erinnern dich an deine reiche Zauberwaldreise, an die Vielfalt und Unerschöpflichkeit deines Lebens. Das Leben ist dein Spiegel. Sei dabei! Sei aktiv, bewusst, kreativ: Mitgestalter/Mitgestalterin!

Spiele! Zu spielen bedeutet zu lernen! Lernen heißt Leben und Leben ist Bewegung.

Alles, was dich solcherart so berührt, dass es dir wert ist, in deinem Zauberwald geschrieben/aufbewahrt zu werden, zeigt dir deine Wahrheit und: den Weg zu deiner Wahrheit.

Dieses Buch der Wunder gibt dir die Möglichkeit, jeden Tag deines Lebens zu würdigen, um dir wieder so nahezukommen, wie du selbst und deine Mitmenschen es verdienen. Halte alles Hervorstechende in deinem LOGBUCH DER WUNDER fest! - Dein Staunen wird zunehmend größer, unendlicher und mit ihm dein Leben (noch) reicher werden. Versprochen. An drei aufeinanderfolgenden Tagen Lichtblicke des Dankes und Wunder entdecken. **JETZT! … … …**

3. Zauberschritt *(ca. 15 Minuten)*

Tag 22 *Datum:* ____________

Du brauchst Seite 11 deiner Geschenke, einen Textmarker, einen Alarm, Schönschriftpapier- und Stift

Du sollst über den heutigen Zauber nicht lange grübeln, auch wenn er dir im ersten Moment bedenkenswert erscheint. Vollführe ihn in einem Zug, ohne darüber nachzudenken, an diesem dir zur Verfügung stehenden Tag. Umgehe den Verstand und koste den Moment:

Zauberwaldauftrag:

Nimm Seite 11 in deine Hand und verwandle deine dort geschrieben stehenden Geschenke in Ziele, die du in ICH-BIN-Sätze kleidest. Lies zuvor das Folgende:

a) Überfliege Seite 11 deiner Aufzeichnungen! Markiere im sofortigen Anschluss die **3 Geschenke** von den 6 geschriebenen, **die dir am liebsten sind.** Das 7. Geschenk aussparen bzw. NICHT markieren! Dafür stehen dir 10 Sekunden zur Verfügung. 10 Sekunden, nicht mehr!

10 Sekunden und du. JETZT! Und: ☐

b) Nimm ein neues schönes Blatt zur Hand und schreibe die Überschrift:

ICH BIN

Kennzeichne dieses Blatt mit der **Seitenzahl 12** und gebe deinen auf Seite 11 markierten Geschenken ihre vollständige Identität zurück, indem du sie in Ich-bin-Sätze verwandelst. Lies zuvor das Folgende:

Wenn es dir (noch) schwer fällt, deine unsicheren Geschenke (die dir dennoch am liebsten sind), als Teil deines Selbst zu akzeptieren, verwende ‚neue' Adjektive, wie z. B.:

außergewöhnlich
spannend
markant
vielseitig
kreativ
vielversprechend
hervorstechend

ODER

einflussreich
glücklich
anerkannt
reich
prächtig

Die Wahl deiner Adjektive hängt von deinen Empfindungen, die du gegenüber dir selbst im jeweiligen Bereich deines Lebens hegst, ab.

Deine Adjektive beruhen auf deiner gegenwärtig gültigen Willens-bzw. Schwingungskraft und stehen in Abhängigkeit zu deiner Beharrlichkeit. Adjektive sind Ausdruck deiner Gefühle in Form von Worten, die sich *vollständig* verwirklichen wollen.

Verwende die in deinen Aufzeichnungen bereits vorhandenen Adjektive und/oder wähle neue, wie zum Beispiel die vorgeschlagenen, weil sie dir zu diesem Zeitpunkt deiner Bewusstseinsreise idealer erscheinen als die alten Ausdrucksformen.

Schreibe nun auf Seite 12 drei ICH-BIN-Sätze anhand der von dir markierten Sätze auf Seite 11. Schreibe z. B.:

Ich bin eine exotische … ,
die zur Freude aller … wirkt.

Ich bin ein hervorstechender … ,
der zum Gelingen von … beiträgt.

Ich bin in der außergewöhnlichen Lage, …

Schreibe wie immer mit Dankbarkeit deine 3 Ich-bin-Sätze ... , … , … ! Und Häkchen: ☐

c) Vollende die Aufzeichnungen deines dritten Zauberschritts, indem du auch die 3 nicht markierten Geschenke auf Seite 11 in die Ich-bin-Sätze auf Seite 12 transportierst. Tue es einfach jetzt …

Besiegle diese Zauberschrift mit dem siebenten ICH-BIN-Satz, schreibe:

Ich bin der/die,
ICH BIN.

Lese dir abschließend diese Seite von dir - diese sieben ICH-BIN-SÄTZE - in aller Muße durch. Häkchen: ☐ lächle und …

Gratulation!

du bist DEINEM Leben
um eine weitere großartige Länge
nähergekommen,

hast an diesem 22. Tag und mit deinem dritten Schritt in Zauberwaldhain III den Zenit überschritten. Von nun an geht deine Lebensreise bewusster voran!

Hebe dir die Blätter mit den Seitenzahlen 11 und 12 gut auf (z. B. im *Logbuch der Wunder,* Seite 92)! Im nächsten Kapitel ‚Deine Reise zu dir ab Woche 4' erfährst du, wie du mit diesen wertvollen Schriftstücken verfahren kannst und erhältst die letzten 3 Zauberschritte, die dich entscheidend voranbringen. Du kannst die Weiterreise noch am heutigen Tag antreten, oder wie es dir beliebt, bis zum morgigen warten.

Deine Reise zu dir ab Woche 4

Am Ende deiner vierten Zauberwaldrunde erhältst du DIE Schatzkarte, mit deren Hilfe du in näherer und fernerer Zukunft selbstständig weiterreist, außerdem zusätzliche Navigationsinstrumente, die du, gemäß deiner Wahl, nutzen kannst, um endgültig und immer wieder neu bei dir landen und deinen rechtmäßigen Reichtum einstreichen zu können.

Dies sind die letzten drei Schritte, ehe du alleine fliegst. Genieße sie wie folgt:

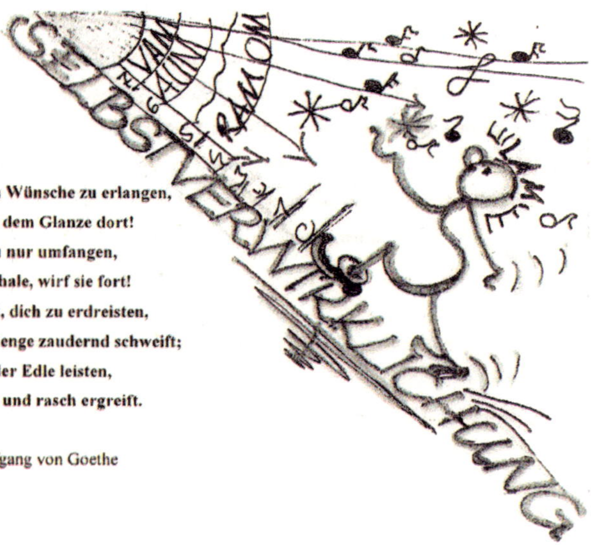

Wunsch, um Wünsche zu erlangen,
schaue nach dem Glanze dort!
Leise bist du nur umfangen,
Schlaf ist Schale, wirf sie fort!
Säume nicht, dich zu erdreisten,
Wenn die Menge zaudernd schweift;
Alles kann der Edle leisten,
der versteht und rasch ergreift.
Faust 2
Johann Wolfgang von Goethe

1. Zauberschritt *(ca. 15 Minuten)*

Ab Tag 22 *Datum:* ____________

Du brauchst die Seiten 7 – 12 deiner Aufzeichnungen und einen ruhigen, abgeschiedenen Ort für dich alleine

Die Seiten 7 – 12 sind wie eine Art Reisealbum, das dich zurück und gleichzeitig vorausschauen lässt.

Zauberwaldauftrag:

Lächel ...und überfliege die Seiten 7 – 12 deiner Aufzeichnungen noch einmal.

Unternehme sodann einen Spaziergang. Diesen kannst du auf deinen 2 Beinen erledigen, indem du auf und ab läufst bzw. umhertigerst oder auf dem geflügelten Gefährt deiner Gedankenkraft, indem du ihn dir lediglich vorstellst und dich in eine meditative Grundhaltung begibst (im Sitzen oder Liegen, je nachdem, welche Lage für dich am bequemsten ist).

Studiere die Reiserute zunächst theoretisch und folge ihr dann praktisch, mit offenen Augen, während du gehst oder mit geschlossenen, während du sitzt oder liegst:

Stell dir vor

es befindet sich vor dir eine Wendeltreppe.

Diese Wendeltreppe ist breit und sehr alt.
Sie führt hinunter.
Du schreitest sie gemächlich, rennst oder rutscht sie herab.

An ihrem Fuße erwartet dich ein Tor.
Hinter diesem Tor ist eine wunderschöne Landschaft.
Öffne dieses Tor!

Betrete diese Traumlandschaft!
Nimm ihren Boden unter deinen Füßen wahr.
Lausche ihren Geräuschen.

Nehme ihren Duft in dich auf.
Betrachte ihren Himmel.
Entdecke in ihr einen Platz, der dir besonders gut gefällt.

Gehe zu diesem einladenden Ort!
Denke an deine Zauberwaldaufzeichnungen...,
lächel und sprich (leise oder in Gedanken still für dich):

Ich liebe mich und ehre dich.

Genieße deinen Aufenthalt und die Botschaften, die er dir überbringt, verweile darin, solange es dir gefällt.

Eine **Auswertung** deines ‚Kurztrips', die dir die zukunftsweisenden Richtungen deiner Traumlandschaft offenbart, befindet sich **ab Seite 135** in diesem Buch. Hole dir deine Informationen dort ab …

und setze dir das Erfolgshäkchen: ☐

Diese ‚kleine', leise Reise während deiner großen, lässt sich beliebig oft wiederholen, deine innere Landschaft erweitern. Sie gibt dir immer wieder einen neuen Energieschub.

---

2. Zauberschritt *(ca. 5 – 10 Minuten)*

Ab Tag 22 *Datum:* ___________

Du brauchst dein gewähltes Zauberwaldbild

Zauberwaldauftrag:

Betrachte noch einmal das für dich gegenwärtig gültige Zauberwaldbild.

Es enthält *alle* Informationen deiner inneren Landschaft, gleich ob du diese Tatsache als Wahrheit anerkennst oder nicht. Deine innere Landschaft ist in diesem (und allen anderen Bildern) abgespeichert, die Zauberwaldbilder befinden sich in deiner inneren Landschaft und wandeln sich, ebenso wie die Flora, Fauna und du, immer wieder neu.

In ihrem Ursprung, der auch deiner ist, in ihrer Essenz bleiben sie wie dein Selbst *immer* wahr: Ihre Essenz ist der liebevolle Ausdruck. ***Der liebevolle Ausdruck ist auch deine Essenz; deine Wahrheit.***

Vertiefe dich in dein Zauberwaldbild immer dann, wenn du meinst, diese Essenz in dir nicht fühlen zu können, wenn du mutlos, traurig, verzweifelt und dergleichen voller Angst bist:

Nutze die Optionen, die dir alle Zauberwaldbilder bieten, hin und wieder während deiner weiteren Lebensreise. Sie verschaffen dir einen größeren Spielraum.

Vertiefe dich noch einmal in die Informationen und Möglichkeiten, die dein gewähltes Bild für dich bereithält (Tabelle Seite 82) **Jetzt!** … ☐

3. Zauberschritt *(freie Zeiten an möglichst 7 aufeinanderfolgenden Tagen)*

Ab Tag 22 *Datum:* ___________

Du benötigst Seite 12 und deine restlichen gesammelten Zauberwaldaufzeichnungen, Schönschreibpapier- und Stift

Dieser letzte angeleitete Zauberschritt auf deiner Reise gibt dir noch einmal eine tiefgreifende Gelegenheit, zurück und gleichzeitig in deine Zukunft zu blicken. Er sollte, wenn möglich, innerhalb der nächsten 7 Tage vollzogen werden, da in ihnen die Erinnerungen noch frisch sind, der Fluss gut genährt und in Fülle ist.

Zauberwaldauftrag:

Schlage ein neues Blatt deines schönen Papiers/Notiz- oder Logbuchs auf. Schreibe auf dein neues Blatt folgende Überschrift:

Ich liebe

Verewige dieses Blatt mit der **Seitenzahl 13**.

Verwandle alle auf Seite 12 vermerkten Ich-bin-Sätze in die Wahrheit, die sie sind, indem du sie ihrer letzten Metamorphose unterziehst und in Ich-liebe-Sätze umschreibst. Schreibe zum Beispiel:

Ich liebe meine/meinen liebevolle/liebevollen …
wunder …

ODER
entzückenden …
oder
markanten …

ODER
Ich liebe mein Talent, besonders … zu können.
Ich liebe den Ausdruck meiner / meines …
Ich liebe es, dass ich … bin.

UND:
Ich liebe mich als der / die ich bin.

Verwende die bereits dort geschrieben Adjektive oder füge neue hinzu und streiche die alten.

Betrachte danach noch einmal mit der allergrößten gebotenen Muße deine gesammelten Zauberwaldaufzeichnungen. Nehme die Seiten zur Hand, die dir besonders lieb sind.

Angel daraus die Worte und Sätze, die dich besonders berühren, erfreuen, glücklich stimmen oder dir am Herzen liegen. Markiere sie farbig.

Und: Verwandle alle abschließend markierten Aufzeichnungen, in die Liebe, die sie sind, indem du auch sie in ICH-LIEBE-Sätze kleidest. Ergänze diese ICH-LIEBE-Sätze, wann immer dir ein neues Liebes-Geschenk in den Sinn kommt, setze dein schönes Blatt 13 mit **13a**, **13b**, **13 etc.** fort, denn das ist DIE Schatzkarte, die dich zu den prächtigsten Reiseerfahrungen deines Lebens führt. Lese sie dir in den nächsten 7 Tagen - und über diese hinaus! - immer wieder vor!

Sorge dafür, dass dein Fluss nie verebbt!
Bleibe aufmerksam in der Fülle deines Lebens!
Du bist für sie nun startbereit.

Auswertung Zauberwaldhain 3

Alle auf Seite 13 deiner Aufzeichnungen verbrieften Geschenke enthalten solche Gaben, Talente und Fähigkeiten, die dich zu deiner größten Bestimmung führen, sowohl beruflich als auch privat. Sie offenbaren dir, wo du zu Hause bist.

Du erhältst einen übersichtlichen Blick auf den Wert deiner Gaben, Talente und Fähigkeiten, wenn du sie mithilfe des Beispiels auf Seite 101 in eine Tabelle einordnest, die es dir ermöglicht, deine Geschenke in ihre entsprechenden Berufsfelder zu packen.

Berufsfelder-ABC

- Bau / Architektur / Gebäudetechnik
- Büro / Handel / Finanzen
- Chemie / Kunststoff
- Elektrotechnik / Elektronik
- Erziehung / Bildung / Soziales / Spiritualität
- Freizeitwirtschaft / Sport
- Gesundheit / Medizin / Pflege
- Holz / Papier / Glas / Keramik
- Informatik / EDV / Kommunikationstechnik
- Körperpflege / Schönheit
- Kultur / Sprachen / Gesellschaft
- Kunst / Kunsthandwerk
- Land- und Forstwirtschaft / Tiere / Pflanzen
- Lebens- und Genussmittel / Ernährung
- Maschinen / Fahrzeuge / Metall
- Medien / Druck / Design
- Mode / Textil / Leder
- Naturwissenschaften / Mathematik
- Recht / Sicherheit / Verwaltung
- Tourismus / Gastgewerbe / Hotellerie
- Transport / Verkehr / Lager
- Umwelt / Energie / Rohstoffe

Einordnungsbeispiel

Berufsfelder	Tätigkeiten	Möglichkeiten
Bildung, Spiritualität	Schreiben, Lehren	Bücher, Seminare
Kunst	Malen, Zeichnen	Ausstellungen, Weiterbildungen
Kultur, Sprachen Gesellschaft	Analysieren, Beraten	Beratungsangebote (Freunde, Bekanntenkreis, Weiterempfehlungen)

Beginne mit drei Geschenken, die dir momentan am liebsten sind, über die du am glücklichsten bist und ordne sie in die Tabelle ein. Anhand der Möglichkeiten in **Spalte 3** erkennst du abschließend, welche Schritte unternommen werden können, um dich und andere in ihren höchsten Genuss zu bringen. Gehe wie folgt vor:

a) Trage das zum jeweiligen Geschenk passende Berufsfeld in **Spalte 1** deiner Tabelle ein. Die Zuordnung obliegt deinem subjektivem Empfinden und keiner festgeschriebenen Definition.

b) Finde solche Tätigkeiten, die zu diesem Berufsfeld gehören und die dir bereits Freude bereiten oder zukünftig bereiten könnten und trage sie in **Spalte 2** deiner Tabelle ein.

c) Überlege dir (mit UND ohne Einbezug von Ratschlägen und Tipps anderer) welche Möglichkeiten dir zu Verfügung stehen, in diese Tätigkeitsbereiche einzutauchen und trage diese Möglichkeiten in **Spalte 3** ein.

Du bist dort zu Hause, wo du liebst. Verkenne deine Ich-liebe-Aussagen nicht als geringfügige Hobbys, nette Zeitvertreibe, verschmähbare Ablenkungen, gar schlechte Gewohnheiten oder dergleichen, sondern widme dich ihnen mit der allergrößten Herzensliebe, zum Beispiel mithilfe der o. a. Tabelle! Sie werden sich mehren, indem sie einen immer größeren Raum in deinem Leben einnehmen, gleichwohl solche Menschen, Tätigkeiten und Dinge ersetzen, mit denen du nicht gerne zutun hast.
Denn:

Hier ist dein 13. Glück

▪ Widme dich von ganzem Herzen deinen Geschenken auf Seite 13, indem du ihnen oberste Priorität einräumst. Mach sie zu deinem Beruf – folge ihrem Ruf, wann immer deine innere Stimme nach ihnen verlangt, statt sie zu vernachlässigen (du kennst diese Geschichte mit der 13. Fee ...). Du wirst ihren Ruf ganz gewiss vernehmen, sobald du den Wert all der dir gegebenen Pracht voll und ganz akzeptieren kannst.
Gib ihrem Ruf immer den Vorzug! Dein äußerliches Umfeld wird sich allmählich deiner Bestimmung – deinen Gaben, Talenten und Fähigkeiten – anpassen und das, je reibungsloser, desto konsequenter du ihnen selbst folgst.

▪ Widme dich deinen Geschenken auf Seite 13, indem du dein Wissen über sie weitergibst. Werde zu einem Experten, der anderen Menschen hilft, dieselben oder ähnliche Geschenke zu erhalten.

▪ Widme dich deinen Geschenken auf Seite 13 anhand von Vorbildern, die es auf deinen Lieblings-Lebens-Gebieten bereits zu etwas gebracht haben, das für dich ebenfalls erstrebenswert ist. Mach dich schlau über diese von dir Bevorzugten, fühle dich ermutigt und eifer ihnen nach - auf *deine* eigene Art!

▪ Traue der einzigartigen Kombination deiner Gaben, Talente und Fähigkeiten, die auf Seite 13 deiner Aufzeichnungen zu Wort kommen, **das Größte** zu, **was du dir mit ihnen überhaupt nur vorstellen kannst!** Erachte sie als zweckbestimmt, dir dienlich und absolut kostbar, bereit dazu, mit dir den Weg deiner Bestimmung und somit der absoluten Lebensfreude zu gehen!

Liebe die *Tatsachen* auf Seite 13 bedingungslos, statt die 13 und somit dich in deinem höchsten Selbst zu fürchten! Die Quersumme der 13 ist 4. Die 4 ist das Zahlzeichen des Menschen im Quadrat seiner höchsten Ausdrucksform. Die 13 und somit die 4 bist immer wieder du, und so entsteht aus ihr/dir heraus der Kreis im Quadrat:

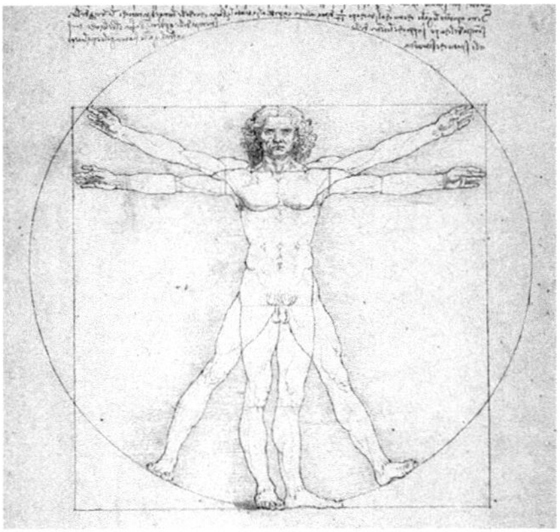

Leonardo da Vinci: ‚Der vitruvianische Mensch', um 1490

Liebe die *Tatsachen* auf Seite 13 bedingungslos! Die 13 und somit die 4 bist immer wieder du als das Wesen, das sich überall, wo es sich befindet, stets selbst begegnet.

Bestenfalls begegnest du dir selbst und gleichermaßen deinen Mitwesen mit **Wertschätzung, Akzeptanz und Einfühlungsvermögen.**

Die Einstellung, die du gegenüber deinen Gaben, Talenten und Fähigkeiten hegst, allen voran gegenüber den auf Seite 13 versammelten, spiegelt sich im Außen wieder, durch die Wesen, die sich von deinen inneren Haltungen angezogen fühlen. Behandel dich und deine Geschenke gut, so werden auch deine Gäste gut sein.

Zum weiteren Geleit

Dein Garten wurde innerhalb der vergangenen tiefgründigen, fruchtbaren Wochen so bestellt, dass nun die besten Voraussetzungen vorhanden sind, um dir blühendes Gedeihen und reichlich Ernte zu bescheren. Zeichen dieser Verheißung sollten dir bis zum jetzigen Zeitpunkt deiner Lebensreise bereits begegnet sein, aber natürlich wachsen noch weitaus mehr Früchte in den kommenden Monaten für dich heran. Auf **Seite 137** sind die **Zeitpunkte** vermerkt, innerhalb derer die größten **Bewusstseinssprünge** erwartet werden können. Schlage dort nach und trage dir die Zeitpunkte dort und/oder in deinem Kalender ein!

Diese Zeitpunkte deiner stärksten Entfaltung geben dir die zyklischen Rhythmen wieder, innerhalb derer dein Bewusstsein und mit ihm dein zentrales Nervensystem im größten Maße expandieren, sodass sich auch in deinem Außen *deutliche* Entwicklungssprünge in Form markanter Erlebnisse zeigen. Es sind Schnittstellen deiner Zauberwaldreise, die spezifische, individuelle Höhepunkte darstellen und die gerne von dir als besondere (Geburts-)Tage gefeiert werden können.

Triffst du während deiner weiteren Reise auf Situationen, die alles andere als den Wunsch, zu feiern in dir hervorrufen, Situationen, die dir hoffnungslos erscheinen, die dich traurig und mutlos stimmen, begegnen dir Ängste in Form von Sorgen, Schmerzen und Verzweiflung, erinnere dich an den **Extra-Hain** und kehre erneut in ihn ein! Verinnerliche noch und noch einmal alles, was dir dort übermittelt wird **(Seite 46)**! Erinnere dich außerdem an die Wunder, die dir bereits geschehen sind und freue dich auf neue, die kommen werden, ganz bestimmt.

Denke daran, dass alle Unannehmlichkeiten, selbst die schwersten, im geschützten Raum des Zauberwaldes Sackgassen sind, die befreit bzw. ‚Ego-Gespenster', die erhoben werden wollen und: werden *können!* Außerhalb des Zauberwaldes mögen sie bestenfalls lästig, schlimmstenfalls quälend und unbesiegbar sein, innerhalb seiner sind sie bestenfalls lästig, schlimmstenfalls quälend, ABER deine Diener, wenn auch in der merkwürdigen Verkleidung des Ego mit seinen diversen ‚Eselshäuten'.

Die von dir unternommene ‚Rückkehr in den Zauberwald' ist deine Geburt aus diesen ‚Eselshäuten' hinaus, mitten hinein in deine Wahrheit, die sich innerhalb deiner Gaben, Talente und Fähigkeiten befindet.

Dieser Entfaltungsprozess ist mitunter schwierig, doch betrachte jeden Engpass wie eine Wehe, die dich weiter und weiter zu dir selbst treibt. Und: dass jede Wehe, wie schmerzhaft sie auch sein mag, endet.

Am Ende des Tunnels wartest DU.

Unannehmlichkeiten sind deine unheimlichen Diener, die dir die Chance geben, zurück nach Hause, zurück zu dir selbst zu finden. Im Zauberwald besitzt du *alle* Mittel für ihre und somit deine eigene Entzauberung, bei gleichzeitiger Bezauberung.

Neben den dir bereits bekannten Mitteln deiner Befreiung, existieren zwei zusätzliche ‚Elixiere', die dir helfen können, deinen Geburtsvorgang zu meistern. Ihre Wahrheit macht dich stark:

Elixier 1

– inhaliere es tief, nehme es tief in deinem Bewusstsein auf –

Alles, was mir begegnet, dient mir.

Elixier 2

– atme es gründlich ein, ziehe es kräftig in deinen Geist hinein –

Mir geschieht nach meinem Glauben. Alles geschieht, weil ich es glaube.

Zu Elixier 1:

Alles, was mir begegnet, dient mir.

Betrachte dieses Elixier als den realen Stellvertreter für Ali Babas *Sesam öffne dich!* [8]

Alles, was dir begegnet, hat eine Ursache und einen Grund. Wenn auch die Ursache bereits lange zurück liegt und in Vergessenheit geriet, so befindet sie sich zweifellos trotzdem immer noch dort, wo man sie einst liegen ließ (möglicherweise in der ‚Höhle der 40 Räuber').

Und auch wenn der Grund von schwierigen Lebenslagen aufgrund deren ins Vergessen geratenen Ursachen zunächst unersichtlich bleibt, öffnest du dich durch das Elixier ***Alles, was mir begegnet, dient mir.*** für erkennende Geistesblitze (die Schätze in der Höhle), weil du, statt dich gegen die Umstände aufzulehnen, den Ist-Zustand akzeptierst.

Allem, wogegen du dich auflehnst, verleihst du zusätzliche Energie, allen Situationen, denen du hingegen mit Elixier 1 begegnest, nimmst zu den Wind aus den Segeln, gleichzeitig gibst du ihnen ihren rechtmäßigen Sinn zurück.

Wenn du dich aufrichtig für den Sinn einer Sache öffnest; die Verantwortung für dein Leben übernimmst, wird dir auch Sinn begegnen. Oftmals bereits am nächsten Tag. Und wenn nicht am nächsten Tag, so doch ganz gewiss (!) dann, wenn du innerlich bereit dazu bist, die Verantwortlichkeit zu übernehmen für alles, was dir in deinem Leben widerfährt. Die Ursachen musst du nicht zwangsläufig kennen, aber nach dem Sinn verlangen. So wirst du ihn erhalten.

Fußnote 8.: Sesam öffne dich! – Sesam, eine beliebte Pflanze u. a. der orientalischen Küche, steht symbolisch für den richtigen Zeitpunkt, den es geduldig abzuwarten und - wenn er denn gekommen ist - rasch zu nutzen gilt, denn alles im Leben hat seine eigene Zeit, auch du und deine ENT-wicklungen.

Im höchsten Sinn deines Daseins fanden im Zauberwaldhain 2 Begegnungen zwischen dir und der Kraft statt, die deinem gewählten Zauberwaldbild innewohnt. Es bietet sich dir nunmehr am Ende deiner vierwöchigen Reise - die zugleich ein Anfang ist - eine Möglichkeit der Erkenntnis, die dir hilft ***Alles, was mir begegnet, dient mir.*** leichter zu akzeptieren und in deinem Bewusstsein zu integrieren. Diese Möglichkeit gestaltet sich ***über die Zauberwaldbilder:***

Alle Bilder des Lebensschiffs, mit dessen Ausrüstung du durch den Zauberwald reist, sind als Kartenset mit farbigen Abbildungen und Begleitheft, aber als auch als farbige Einzelexemplare erhältlich. Als Set mit Begleitheft bieten dir die ‚flamboyanten' Kartendarstellungen Gelegenheiten, weitere ‚Zauberbilder' zur Unterstützung in allen möglichen Lebenslagen zu finden, um anhand ihrer dargebotenen Spiele deine Selbsterkenntnis und Lebensfülle zu vertiefen.

Als farbiges Einzelexemplar kurbelt dein gewähltes Zauberbild deine Zirbeldrüsenfunktionen an, indem du über seine Farben und Formen meditierst. Sie wirken direkt auf das Dritte Auge (zur Funktion der Zirbeldrüse vgl. ZAUBERWALD-LEXIKON: *Zwirbeldrüse*, Seite 133).
Die Zirbeldrüsen-Meditation wirkt besonders gut vor dem Schlafengehen und ist auch für andere Bilder - solche die nicht dem vorliegenden ‚Zauberwald' angehören - geeignet, sofern diese inneren Frieden schenken. Sie kann sowohl von großen Kindern (Erwachsenen) als auch von jüngeren durchgeführt werden, da sie grundlegend beruhigt und harmonisiert.
Spiele diese Meditation zunächst in vier Schritten einmal durch, ehe du sie in ihrem ganzen Fluss praktizierst. Ihre Gliederung gibt dir einen leichten Überblick:

Zirbeldrüsen-Meditation

1. Vorbereitung

- *Suche dir einen Platz, an dem du ungestört bist und dich wohl fühlst.*
- *Lege dort das von dir gewählte farbige Bild bereit.*
- *Nimm diesen Platz in Anspruch; kreuze deine Beine entweder zum Lotus- oder zum Schneidersitz (je nachdem, was für dich am zuträglichsten ist).*
- *Lege deine Hände mit den Handflächen nach unten auf deine Knie.*
- *Achte darauf, dass du gerade sitzt und den Kopf oben behältst, sodass dein Atem frei fließen kann.*
- *Atme 3x langsam tief ein und sehr lange aus, bis kein Ausatmen mehr möglich ist. Folge deinem Atem mit deiner Aufmerksamkeit.*
- *Spüre den festen Halt, den dir der Boden, auf dem du sitzt, gibt. Spüre dem festen Halt eine Weile nach.*
- *Achte auf einen ruhigen Atem und fühle dabei den Boden unter deinem Po.*

2. Aktivierung

- *Nimm das Bild und lege es in deinen Schoß.*
- *Kreuze deine Hände vor deiner Brust, sodass sich deine Handflächen ca. 3 cm vor deinem Brustbein befinden. Lege deine Mittelfinger und Daumen leicht aneinander, sodass sie sich an den Spitzen berühren.*
- *Strecke deine Mittelfinger nach vorne aus.*
- *Zeige mit deinen Daumen auf dich.*

- *Berühre mit den übrigen Fingern jeweils dein mittleres Fingergelenk.*
- *Schließe deine Augen.*
- *Konzentriere dich auf den Mittelpunkt zwischen deinen Augenbrauen.*
- *Atme in diese Stelle zwischen deinen Augenbrauen hinein.*
- ***Atme 3x** - tief ein und aus.*

3. Energiefluss

***a1)** Öffne deine Augen und betrachte **ca. 10 Sekunden** lang das Bild, das in deinem Schoß liegt. Die Handstellung beibehalten! Lass deinen Augenbewegungen dabei freien Lauf, ebenso gut können sie sich auf einen festen Punkt im Bild fixieren. Überlasse dich deinem körperlichen Geschehen.*

***b1)** Schließe deine Augen wieder und atme ruhig, bei gleichbleibender Handstellung, in den Mittelpunkt zwischen deinen Augenbrauen hinein, **3x** – tief ein und aus.*

***a2)** Öffne deine Augen und betrachte **erneut ca. 10 Sekunden** lang das Bild in deinem Schoß. Atme tief und ruhig.*

***b2)** Schließe deine Augen und konzentriere dich bei gleichbleibend ruhiger Atemkraft und Handstellung weiterhin auf den Mittelpunkt zwischen deinen Brauen.*

***a3)** Öffne noch einmal deine Augen für eine dritte Bildbetrachtung. Atme dabei ein und aus, tief und ruhig - **solange du dich konzentrieren kannst** - in die Stelle zwischen deinen Brauen.*

***b3)** Schließe deine Augen, konzentriere dich auf den Mittelpunkt zwischen deinen Augenbrauen und visualisiere das Bild, das in deinem Schoß liegt. Nehme jene seiner Farben und Formen wahr, die dir in Erinnerung sind. Stell dir das Bild gedanklich vor.*

Atme währenddessen ruhig und tief in den Mittelpunkt deiner Stirn hinein und halte das Bild dort aufrecht.

Verweile in seiner Stimmung, genieße sie, genieße dein erwähltes Bild!

4. Nachbereitung

- *Beende diese Meditation langsam, indem du deine bisherige Handstellung auflöst und stattdessen deine Hände vor deiner Brust faltest.*
- *Stelle dir bei geschlossenen Augen noch einmal dein Bild vor.*
- *Sprich dabei leise für dich oder laut:*

Ja, ich will! Ich will glücklich sein!

- *Erhebe dich abschließend gemächlich. Recke, dehne und strecke deinen Körper.*
- *Halte die Ruhe, die du während der Meditation erfahren konntest, in deinem Bewusstsein aufrecht, indem du dich mit Muße und Bedacht bewegst. **Keine Hektik, keine Eile!***

Mach in diesem Meditations-Tempo deiner Zirbeldrüse weiter und du hast in kurzer Zeit den ‚Mietvertrag' im Haus der Einsichtsfähigkeit in größere Zusammenhänge und der Harmonie.

- *Führe eine solche Zirbeldrüsen-Meditation durch und vertiefe dich in die Farben und Formen deines gewählten Bilds, wenn du betrübt bist oder auf eine unangenehme Weise aufgeregt. Oftmals genügt bereits ein kurzer Moment, ehe sich dir eine klärende, übergeordnete Sichtweise der AHA-Erlebnisse eröffnet:* ***Alles, was mir begegnet, dient mir.*** *und das je augenfälliger, je häufiger du diese Meditation nutzt.*
- *Sollte dir zum gegebenen Zeitpunkt kein farbiges Bild zur Verfügung stehen, greife auf die Methoden zurück, die dir die Ergebnissicherungen a, b und c im Zauberwaldhain 2 ab Seite 84 bieten. Auch sie unterstützen die Aktivitäten der Zirbeldrüse.*

Elixier 2:
Mir geschieht nach meinem Glauben. Alles geschieht, weil ich es glaube.

Auch Elixier 2 verleiht dir zusätzliche Kraft, mithilfe derer du den Herausforderungen des Zauberwaldes in den nächsten Monaten gut gewappnet gegenüber treten kannst. Es beruht auf dem Wirkprinzip **‚Gedanke kommt von Danke.'** (Vgl. S. 33, Fußnote), das an dieser Stelle deiner Reise als weiteres Erkenntnismittel vertieft werden soll:

Alles, was du mit deinen Gedanken beehrst, im guten wie im negativen Sinn, bedankt sich wiederum bei dir mit seiner Aufmerksamkeit dergestalt, dass es entsprechend in Erscheinung tritt.
Im guten Sinn eines gesunden Identitätsgefühls, geschieht dir nach deinem Glauben, indem du allen Situationen mit angstfreier Offenheit und Erwartungsfreude entgegensiehst. So werden sie sich gewinnbringend erfüllen, weil sie dich erfüllen – dein höchstes Selbst bildet deine wahre; heile Identität heraus. Es schenkt dir Gedanken der Fülle hinsichtlich deiner Gaben, Talente und Fähigkeiten, die du zum Wohle aller Beteiligten, einschließlich zu deinem eigenen Wohl, mit der Welt teilst: *Dir geschieht nach deinem Glauben.*

Dein Ego hingegen verkleidet dich mit dem Deckmantel der Zweifel, die deinen Gaben, Talenten und Fähigkeiten zuwiderlaufen und deine Bestimmung verleugnen. Auch hier gilt: *Dir geschieht nach deinem Glauben.*

Für welchen Glauben entscheidest du dich?

Vielleicht hast du das Gefühl, nicht immer die Wahl zu haben, da dich dein Ego mit seinen harten, zwiespältigen Verurteilungen zerreißt. Doch du sollst und musst wissen, dass es eine Wahl gibt und dass du diese - da es sie gibt - zugunsten deiner Weiterentwicklung und zugunsten aller daran Beteiligten nutzen kannst.

Ein gesundes (weitestgehend) sorgloses Identitätsgefühl, das *immer* der Wahrheit entspringt, wird begleitet von einer generellen angstfreien Offenheit in allen Situationen. Diese natürliche mit Sorglosigkeit gepaarte Offenheit wird durch ein Bewusstsein erzeugt, das aus echtem Selbstvertrauen respektive Lebens- bzw. Gottvertrauen entsteht.

Das falsche Identitätsgefühl des Ego – so kühn es auch daherkommen mag – wird dieses Vertrauen niemals liefern können, da es aus gesellschaftlichen Konditionierungen und Reglementierungen geboren wurde, die sich auf Unwissenheit, Verlust, Enttäuschungen und Angst gründen.

Um dein gesundes - zweifellos vorhandenes - Identitätsgefühl zu stärken und das Ego allmählich zu löschen, widme dich auch in Zukunft Gedanken der Dankbarkeit gegenüber deinen Gaben, Talenten und Fähigkeiten, die aus deinem höchsten Selbst hervorgehen und Bestandteil deines heilen Bewusstseins sind. Mit seiner Hilfe gelangst du zur Erfüllung deiner Bestimmung; zur Erfüllung deines Lebens: Du kommst bei dir an.

Dir geschieht nach deinem Glauben, weil sich aus seiner Emotionalität heraus deine Gedanken formen. Deine emotional verpackten Gedanken sickern in dein Unterbewusstsein und durchtränken dessen ‚Acker'.

Dein Unterbewusstsein führt aus, was du ihm durch deine Gefühle, deinen Glauben und durch deine Gedanken vorgibst, es lässt die Früchte deiner Samen sprießen und dies umso kraftvoller, desto mehr Freude du gegenüber deinem Leben empfindest. Immer!

So entscheide dich für deinen Glauben an dein höchstes Selbst und gewöhne dich daran, jedem Geschenk, das spontan in dein Bewusstsein rückt, immer noch ein wenig länger in deinen Gedanken zu bewahren, indem du ihm dankst!

Mit deiner Dankbarkeit drückst du deine Freude aus, Freude = Dankbarkeit/Dankbarkeit = Freude. Beispielsweise:
Dir fällt auf, wie deine Augen gerade leuchten: ‚Ich danke für meine leuchtenden Augen!'

Jemand anderem fallen deine leuchtenden Augen auf: ‚Ich danke für meine leuchtenden Augen und für mein aufmerksames Gegenüber!'

Du fühlst dich gerade besonders wohl: ‚Danke, dass es mir so gut geht!'

Du gibst dich gerade einer Tätigkeit hin, die dir Spaß macht: ‚Danke, dass ich das hier tun darf'
Und so weiter. ***Mir geschieht nach meinem Glauben. Alles geschieht, weil ich es glaube.*** Zweifellos glaubst du es, nicht wahr?!

Widme dich in Zukunft weiterhin Gedanken der Dankbarkeit. Damit stärkst du deinen Glauben an das Gute. Durch die guten deiner Gedanken, die du in den Vordergrund stellst, bekräftigst du gleichzeitig deren Realität, denn wären sie nicht real, würdest du sie nicht denken (wiewohl noch nie ein Operateur, der ein Gehirn öffnete, einen, auch nur einen einzigen Gedanken darin umherschwirren sah).
In dem Augenblick, in dem so ein unsichtbarer und dennoch realer Gedanke auftaucht, beginnt er wahrer zu werden. In dem Augenblick, in dem du mit deiner Aufmerksamkeit nach ihm greifst, hältst du ihn fest, wodurch er sich weiterhin manifestiert, noch wahrer wird.

Je emotionaler du dich an einem auftauchenden Gedanken beteiligst, desto fester ist der Griff deiner Aufmerksamkeit und umso höher steigt die Wahrscheinlichkeit seiner weiteren Manifestation/Wahrwerdung in DEINEM Leben.

So denke gut von dir und glaube an den Wert deiner Gaben, Talente und Fähigkeiten und an deine in ihnen eingebettete Bestimmung!

Deine, durch deine vierwöchige Reise im Zauberwald schriftlich erwiesenen Gaben, Talente und Fähigkeiten sind die Samen deines höchsten Selbst, mithilfe derer dein Glauben allmählich zu Wissen heranreift.

Beachte das Gedeihen dieses, deines Garten Eden gut, verweile in ihm sooft wie möglich mit deiner *bewussten, genussvollen* Aufmerksamkeit!

Zwischen deinen Höhepunkten werden sich immer wieder ‚kleinere' Gegebenheiten, die dich ins Staunen versetzen, ereignen, vorausgesetzt: Du hältst deine geistige und körperliche Pflege aufrecht, deine Gedanken - soweit wie es dir zum gegebenen Moment möglich ist - rein und im achtsamen Auge deiner täglichen Gegenwärtigkeit:

Die Diener deiner Zukunft

Als Aufmerksamkeits-Instrumente, die deiner Zukunft zukommen, dienen dir weiterhin:

▪ **alle deine Zauberwaldaufzeichnungen und alle Liebe, die du für sie empfindest**
▪ **deine täglichen LICHTBLICKE** (z. B. die ab Seite 41)
▪ **das von dir erwählte Zauberbild** und dessen Potenziale, die deine eigenen erweitern (Tabelle Seite 82)
▪ **die täglichen Brüche** die dir immer wieder Bewusstsein verleihen (Seite 91),
▪ **Das ‚Logbuch der Wunder'**, das du (weiter-)führen kannst, um deine Kreativität zu befeuern und dich für die Wunder des Lebens zu öffnen (ab Seite 92)
▪ **Meditations- und Traumreisen aller Couleur** (z. B. Seiten 97 und 105)
▪ **alle Kraftverstärker** (die in diesem Buch erklärten und solche, die du von anderer Stelle oder aus dir selbst heraus kennst), **die dir Freude und Entwicklung bescheren** (ab Seite 111)
▪ **die Zeitpunkte deiner größten Entwicklungszyklen** (Seite 137)
▪ nicht zuletzt die **Literaturempfehlungen** (Seite 138)

sowie zwei kurze Hefte, die dich bis zu deinem nächsten großen Entwicklungsschub (in etwa 9 Monaten) begleiten bzw. deine Weiterreise bis dahin unterstützen können:

‚Das Buch der Lieder' befasst sich mit dem wichtigsten ‚Gast' deines Lebens, deinem Herzensmann/deiner Herzensfrau. Ob du in einer Beziehung lebst oder nicht, spielt dabei keine Rolle, vielmehr geht es darum, dich selbst aus Beziehungsstrukturen, die dich und deinen gegenwärtigen oder zukünftigen Partner (noch) gefangen halten, zu befreien. Es beruht überwiegend auf der Praxis des Hörens und Schreibens.

‚Das Buch der Träume' vertieft einmal mehr dein ICH-BIN im Prozess der Selbstentdeckung. Es arbeitet mit bildlichen Verfahren über die Praxis des Sehens und Schreibens.

Sprich nun laut oder still für dich:

**Ich erlaube mir,
meinen Berufungen, all meinem
NATÜRLICHEN Tun
in MEINEM Leben
mit Genuss und Freude zu begegnen.
Ich erlaube mir, glücklich zu SEIN,
weil ich das mache,
wozu ICH geboren BIN.**

Es spielt keine Rolle, wenn andere deine Geschenke (vermeintlich) nicht wollen, Hauptsache DIR machen sie Spaß, DIR gefallen sie, DICH machen sie glücklich!

Und noch etwas Wichtiges für deinen weiteren Weg: Diejenigen deiner Gäste, die deine Geschenke *wollen,* existieren bereits *mit dir,* da sonst keiner da wäre, mit dem du sie teilen kannst. Das Leben beruht auf dem Prinzip der Teilung. Ohne Teilung wäre das Leben nicht existent und darin auch du nicht. Du bist aber und zwar hierhergekommen, um dich mitzuteilen - (Mit-)Teilung obliegt nicht lediglich der Biologie deiner Zellen.

Deine Gästeliste liegt bereit und wird sich in dem Maße erfüllen, wie du dich selbst mit deinen Gaben, Talenten und Fähigkeiten in Dankbarkeit, Freude und Zufriedenheit erfüllst, (statt einem kalten, berechnenden Verstand zu folgen, der die Vernunft vollkommen übersieht).

Erinnere dich: Vernunft bindet sich immer an positive Gefühle, weil sie einem einsatzbereiten, konstruktiven Tun der Nachhaltigkeit dient. In diesem Sinne:

Lass dich von den vielen Besuchern und Verweilenden deines ‚neuen', *wahren* Lebens auf das Beste überraschen! Öffne deine Arme weit für diese wundervolle Zeit!

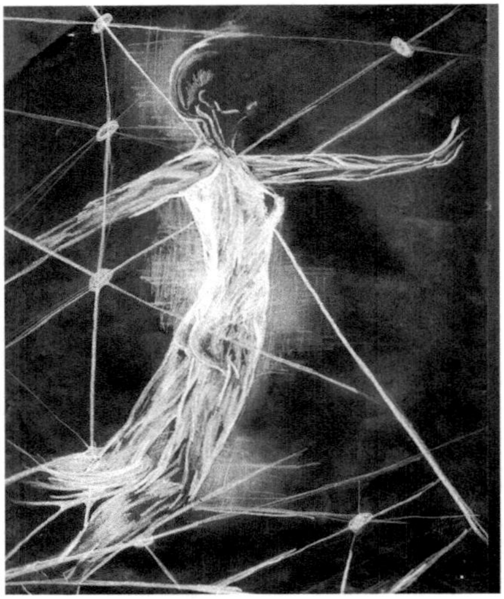

Betrachte deine weitere Reise, wie eine voranschreitende Neugeburt bzw. Schwangerschaft; lass dir alle Liebe und Pflege zukommen, denen ein schwangerer Mensch bedarf! **Bleib dran, bleib dran, bleib dran an deinen Gaben, Talenten und Fähigkeiten und all den Geschenken, die ihnen folgen!** Halte dich an 'Die Diener deiner Zukunft'! Kehre immer wieder zu diesem Kapitel zurück!

Tipp: Ein Songtext für deine Lebensreise 'The greatest love of all', (Original George Benson) *Whitney Houston Lyrics auf YouTube (eine deutsche Übersetzung des Lieds z. B. unter www.songtexte.com/uebersetzung) ODER finde eigene Texte und Melodien für den 'Film deines Lebens'.*

DIE KRAFTVERSTÄRKER

„Folge deiner Wonne!“ (Joseph Campbell)

Die Rückkehr in den Zauberwald

ist eine Reise in die unendlichen Möglichkeiten der Freiheit,
mit dem notwendigen ‚kategorischen Imperativ‘ in den Segeln.

Die Kraftverstärker verleihen Gesundheit, Strahlkraft, Enthusiasmus
und noch mehr Lebensfreude.

Einleitung:

DER VERSTAND, DEINE VERNUNFT UND DU

17 Fakten über den Verstand:

***01.** Er bezieht sein Wissen aus der Vergangenheit und lebt nie in der Gegenwart.*

***02.** Er besitzt keine Fantasie und malt dir eine bereits vergangene ‚Zukunft' aus.*

***03.** Spaß, Spiel und Leichtigkeit erscheinen ihm verdächtig oder sind ihm ein Gräuel.*

***04.** Er kennt keine Zusammenhänge, existiert nur für sich alleine im großen All.*

***05.** Er sieht das einheitliche Zusammenwirken aller Daseinsformen nicht.*

***06.** Er erzählt dir, du seiest genauso eingeschränkt und begrenzt wie er.*

***07.** Er verbreitet Angst und fürchtet gleichzeitig, dass es dir dennoch zu gut geht.*

***08.** Er belügt dich gnadenlos, statt zuzugeben, dass er nichts versteht.*

***09.** Er fürchtet sich vor Ruhe und Frieden.*

***10.** Er macht dich unglücklich.*

***11.** Er kennt kein Erbarmen mit dir und anderen, er verurteilt.*

***12.** Er fühlt nichts Gutes, auch dich nicht.*

***13.** Er besitzt kein Taktgefühl.*

***14.** Er fürchtet sich vor allem, was natürlich ist.*

***15.** Er greift an.*

***16.** Er glaubt an alle möglichen Mächte (Kirche, Institutionen, Wissenschaft, Medien, Gottes Rache, fünfblättrige Kleeblätter …), dir/deiner inneren Stimme nicht.*

***17.** Er bezeichnet dich als ‚armen Sünder', ‚nur ein Mensch', oder ‚rätselhafte Kreatur' und dabei ist er sich selbst das größte Rätsel.*

Man fragt sich, wo er überhaupt hergekommen ist?! - Rücken wir ihm auf den Leib:

Dein neugewonnenes Selbst zu bewahren, den Verstand gleichzeitig zu entlarven, dazu dienen dir die folgenden 7 Kraftverstärker. Betrachte sie als deine 7 ‚Zwerge', die dich im Wald schützen und dir gleichzeitig helfen, dich noch weiter zu entwickeln.

Sie beziehen sich auf die Verbindung zwischen der rechten und linken Gehirnhälfte und fördern deine praktische Entfaltung, solcherart dein ganzheitliches Denken, das weder einseitig rational noch einseitig emotional agiert.

Sie sind im stande, dich in einen *weitreichenden* Glückszustand zu heben. Dabei wirken sie wechselseitig aufeinander ein. Die Kraftverstärker (im Folgenden KV) der *Besinnung* (KV1) beeinflussen beispielsweise sowohl deine *Schönheit* (KV2) als auch deine *Befreiung* (KV4) und deine *Heilung* (KV5) usw.
Alle sind eng miteinander verbunden und funktionieren nach Art eines Mobiles.

Es würde den Rahmen dieses Hefts sprengen, die ursächliche Wirksamkeit der dargelegten Mittel zu erläutern. Sie können bei Interesse eigenständig recherchiert werden. Im Internet und auch in einigen Büchern wird ihr positiver Nutzen zwar in speziellen Fällen abgestritten oder in das Gegenteil verkehrt, dennoch kann an dieser Stelle für sie garantiert werden - *gänzlich* unabhängig *aller* unwissentlichen oder absichtlichen Fehlmeldungen! Lediglich die mit einem* versehenen Worte werden im **Zauberwald-Lexikon ab Seite 127** näher erklärt, da sie eine originalgetreue Auffrischung unbedingt benötigen.

Im aramäischen Original der Bibel sind Erkenntnis und Sexualität Synonyme, was bedeutet:

Um glücklich zu sein und
wahre – nachhaltige – Befriedigung in
deinem Leben zu erreichen,
musst du dich mit dem vereinen,
was du *wirklich* bist!

Die Kraftverstärker unterstützen diese, deine (Wieder-)Vereinigung mit dem Zauberwald einmal mehr. Sie helfen dir dabei, dich sicherer in deinem Leben zu fühlen, weil du deiner inneren Stimme (deinen Vorahnungen, Instinkten und deinem eigenen Wissen) zunehmend mehr vertraust.
Suche dir solche ‚Zaubermittel' aus, die DIR gefallen und denen du momentan am leichtesten nachgehen kannst. Bleibe in jedem Fall offen!

Kraftverstärker der Besinnung

In der Warteschlange, im Warteraum, in der Warteschleife, im langweiligen Alltagstrott, bei Einschlafproblemen, vor dem endgültigen Aufstehen ... während jeglicher Lücken, die im Laufe deines Tages entstehen, sind Tagträume DAS natürliche Mittel der Glücksseligkeit. Dein Körper ist ein Instrument und Tagträume stimmen dich auf die richtige Tonlage ein, insofern dass sie die ununterbrochen plappernde, unsinnige Stimme des Verstands ausschalten, buchstäblich einfach abdrehen. Infolge dessen können deine Glückshormone ungehindert fließen:

Träume mit offenen Augen, indem du dich einer schönen Vorstellung hingibst. Das kann eine dich glücklich stimmende Erinnerung sein oder eine Fantasterei, die dich schmunzeln lässt, zum Grinsen oder Lachen bringt. Deinem inneren Vermögen sind keine Grenzen gesetzt, unabhängig der Situation, in der du gerade verankert bist. Die Wasser des Lebens fließen in dir und sind vollkommen umsonst!

Weitere Kraftverstärker der *Besinnung* sind u. a.:

- Aromatherapie
- See-Berg- und Waldluft
- Wasserfälle
- Entspannungsbäder (bei Kerzenschein, mit leiser Musik)
- Floating (Samadhie-Tank)
- Dampfbäder, Sauna, Solebäder
- Schwimmen, Schwimmmeditationen
- Tauchen, Unterwassermeditationen
- Fische und Meeressäuger beobachten (schweigend)
- Spaziergänge am Morgen (mit Tagträumen)
- Spaziergänge vor dem Schlafengehen (mit Tagträumen)
- Traumtagebuch, Traumanalyse, Traumjoga

Tipp: Verwende zur Beruhigung Lavendelöl und streiche es - vom Herzen weg - deine Arme hinab. Verwende zur Belebung Orangen- und/oder Zitronenöl, streiche sie - zum Herzen hin - deine Arme hinauf.

Kraftverstärker der Schönheit

- Dein eigenes Lebensschiff

auf Millimeter-Papier anhand der Vorlage auf Seite 54

- Zentangels, Zencolors
- Kratzbilder
- Basteln, Töpfern, Schnitzen
- Bildhauerei
- Linolschnitt
- Fotografieren
- Spinnen, Häkeln, Stricken, Nähen, Verkleiden, Mode
- das von dir gewählte Zauberwaldbild, Kunstwerke anderer Künstler …

und viele weitere Möglichkeiten bietet dir die Kunst des guten Lernens und Lehrens, die dir neue Freiräume verschafft.

Bilder sind Macht - Bilder machen dich: Sie bilden deine Gefühle heraus, sodass du sie betrachten und erweitern kannst.

Alles von dir Erschaffene ist ein Selbstausdruck. Alles Geschaffene, worauf du emotional reagierst, ist: ein Selbstausdruck. Das Leben ist ein Spiegel.

Im schöpferischen Tun und im sinnlichen Schauen kommen sowohl deine Gefühle als auch dein Intellekt zum Tragen und bilden deine emotionale Vernunft aus. Der Verstand bleibt dabei so überflüssig wie er ist.[9]

Erschaffe Spiegel, indem du die Lebenskunst, die in dir ist, aus dir heraus zauberst. Dazu gehört jedes Handwerk, das dir Freude bereitet und jedes Material, das zu berühren dich fasziniert.

Werde schöpferisch tätig, ohne dich von deinem Verstand oder dem anderer zensieren zu lassen!

Die Schönheit, die *allen* Künsten zugrunde liegt, obliegt der rechten Gehirnhälfte:
„Wenn du deine rechte Gehirnhälfte öffnest, wachsen deiner linken Flügel!“[10]

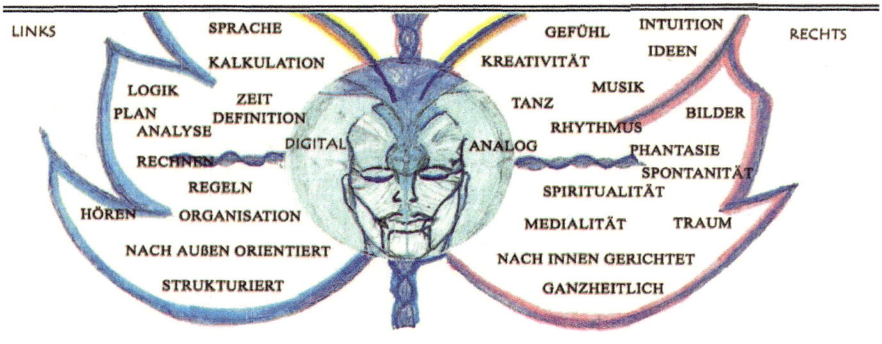

Sieh in den Spiegel anderer Künstler und erkenne anhand deiner Reaktionen darin dich selbst – deine momentane Einstellung zum Leben, deine Charaktere (deine Rollen), die Beschaffenheit deines gegenwärtigen Gefühlslebens und Glaubens – deine Offenheit = deine Liebe, oder deine Verschlossenheit = deine Ängste.

Weitere Kraftverstärker der *Schönheit* sind u. a.:

- Traumspaziergänge (z. B. ‚Stell dir vor' auf Seite 97)
- Sonnenbäder bzw. Vitamin D(-Kapseln) tanken
- Nickerchen
- Farbmeditationen
(z. B. über Baker-Miller-Pink)
- DAS Licht der Morgen- und/oder Abendsonne hinter geschlossenen Augen
- Sonnenmeditationen
- Kraftorte (z. B. natürliche Felsformationen, Stonehenge, Moore, Gärten etc.)
- Wandern
- Schönheit sehen
(Ignoranz gegenüber gewalttätigen Bildern, Büchern, Filmen und anderen Medien)
- Absolution
(keine Verurteilungen/keine Vergleiche)

Tipp: Zeichne Augen-Zentangle mit unterschiedlichen Bleistiftstärken,
beachte kleine, aber feine dich ansprechende Bilder, die du kopierst und auf ihrer Rückseite mit Weisheiten versiehst. Verwende sie als Lesezeichen oder dergleichen.

Fußnoten (S. 116):

9. Der Dichter Friedrich Schiller widmete der Schönheit und der Vernunft eine Abhandlung von Briefen in ‚Über die ästhetische Erziehung des Menschen', indem er diese Erziehung in den Dienst einer ganzen Revolution stellt – ***Erziehung gemeint als das Herausziehen von dem, was bereits da ist****, NICHT als Gleichmachung/Indoktrinierung.*

10. („Die Rückkehr in den Zauberwald", Bd. 2)
*Zur prägenden Funktion der rechten Gehirnhälfte: „Wissenschaftlich gesehen wären die wichtigsten Schulfächer Musik, Sport, Theaterspielen, Kunst und Handarbeiten." (Manfred Spitzer, *1958, Gehirnforscher)*
Was die neurologische Wissenschaft, vor allem die der Neurodidaktik, heute entdeckt, war den Gelehrten der Antike, von Ägypten bis Rom, längst bekannt. Die musisch-ästhetische und sportliche Ausbildung nahm bei ihnen mindestens einen so hohen Stellenwert ein wie die Naturwissenschaften und war überdies ein sehr wichtiger Bestandteil der Heilkunst (Arzt = ursprünglich von Ars = Kunst!)
Es ist für keinen Menschen zu spät dieses Versäumnis nachzuholen. – Zum Handwerk, das ‚Flügel wachsen' lässt, zählt auch die im Zauberwald praktizierte Schönschreibkunst.

Kraftverstärker der Kommunikation

- Assoziationen:

sind gedankliche Verknüpfungen, die dir aufzeigen, wo eventuell noch Verhaftungen bzw. Energieblockaden in Form leidiger Bewusstseinsknoten bestehen UND wo sich dein Leben stimmig mit dem Fluss der Liebe bewegt.

Assoziationen *lassen sich zu allen Themen und Personen und Problemen deines Lebens mithilfe eines Brainstormings finden, z. B. zur Liebe:*

Platz für eigene Ergänzungen:

- Assoziationen entspringen der großen Gruppe der Symbole. Symbole gehören der übergeordneten Ebene der Metaphern an.

- Alle Symbole - und mit ihnen alle Worte - gehen aus den ursprünglicheren Metaphern hervor.

- Metaphern werden durch Bilder gebildet, die in dir entstehen, mithilfe der freibeweglichen Energie der sogenannten Fraktale.

- Fraktale finden ihren Weg zu dir über deine Gefühle. Gefühle sind an Klänge und an Düfte gebunden, primär an solche, die zu den für den Menschen (noch) selten wahrnehmbaren Obertönen gehören. Die Klänge und Duftnoten schwingen entweder im harmonischen Verbund des Kosmos, das heißt mit der Ordnung, oder sie tanzen disharmonisch aus der Reihe.

- Emotional überfrachtete Fraktale schütteln deine Gefühle ab, wie ein nasser Hund oder wie eine Regenwolke das Wasser. In deinem Körper ereignet sich dieser Vorgang als das Weinen von Tränen, die immer (!) eine Reinigungsfunktion besitzen. Es gibt keine Gefühle/keine Klänge/keine Worte, die sich nicht wieder in die kosmische Einheit einfügen lassen. In Wahrheit waren sie nie draußen, da das schlicht ABSOLUT UNMÖGLICH ist.

Assoziationen helfen dir, diese Einheit, die IMMER wirksam ist, zu erkennen, um sowohl gedanklich als auch emotional zur dir respektive Gott* zurückzufinden:

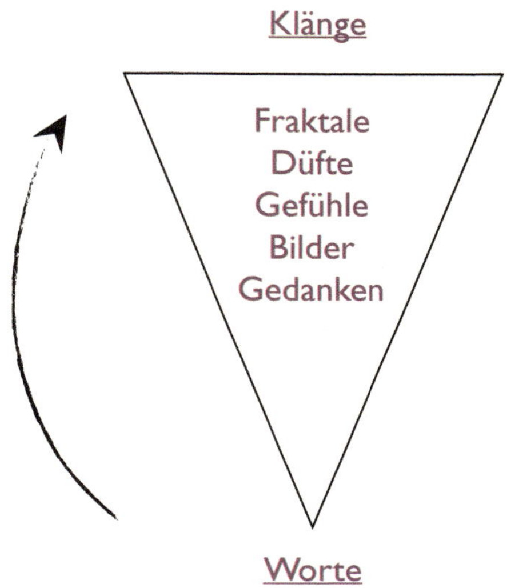

> YouTube-Musiktipp zur Vertiefung:
> ***Grace Space The Lost Tones of the Angelic Realm***

„Am Anfang war das Wort und das Wort war bei Gott" jetzt ist es bei dir. Dennoch bist du immer noch IN Gottes Ordnung und Gott IST in dir über dein körpereigenes Wasser* und das Sonnenlicht. - *alle* Blockadeknoten werden eines Tages wieder reine Noten! Versprochen.

Weitere Kraftverstärker der *Kommunikation*, die dir helfen, zurück zu dir und zum Uns und Wir zu finden sind u. a.:

- schreiben (Vgl. S. 28 f), von rechts nach links und/oder in Spiegelschrift
- Kalligrafie-Meditationen
- deine Gaben, Talente und Fähigkeiten (mit-)teilen
- Reisen
- Theater (Shakespeare unter Beachtung der Farbsymbolik seiner Epoche)
- Rollenspiele, Standbilder, Pantomime
- Gedichte (Haiku, Elfchen), Akrostichon, Reime, Sprechgesang
- Mythen, Märchen, Parabeln, Fabeln
- Klangkugeln, Knetbälle

Tipp: Ergänze die Abbildung ‚Liebe' auf Seite 118 mit deinen eigenen Assoziationen und Gestaltungen!

Dabei geht es nicht darum, etwas schönzureden (z. B. die Liebe, obwohl du gerade Liebeskummer empfindest). Beachte: Negative Gefühle sind lediglich Varianten emotionaler Aspekte, die immer in ihre konstruktive Kraft zurückgeführt werden können.

ALLE Emotionen besitzen enorme Stärke, ihre Richtung ist entscheidend für deinen Alltag und weiteren Lebensweg - wenn es in dir Situationen, Personen und Sachverhalte gibt, die negativ, somit destruktiv aufgeladen sind, packe sie in die Assoziationen, die sie für dich momentan *sind* und verschiebe sie sodann an ihren Plus-Pol (**›**)!

Die häufigsten Verschiebungen, die du vornehmen kannst, weil nahezu alle Basis-Emotionen sich darin einordnen, sind die folgenden:

Angst › Selbstliebe

Trennung › Heilung

Zwang › Sein

Kampf › Selbstvertrauen

Einsamkeit › Freiheit

Trauer › Liebe

Hass (Wut, Schuld, Verzweiflung, Verwirrung, Qual) › Heimat

Langeweile (Öde, Leere) › Kraft › Schöpferfreude

Lärm › innerer Frieden

Armut › Gaben-Talente-Fähigkeiten-Geschenk-Sätze

Tod (Altern) › Empfangen › Fülle

Kraftverstärker der Befreiung

Beten * mithilfe der Garuda-Welle:

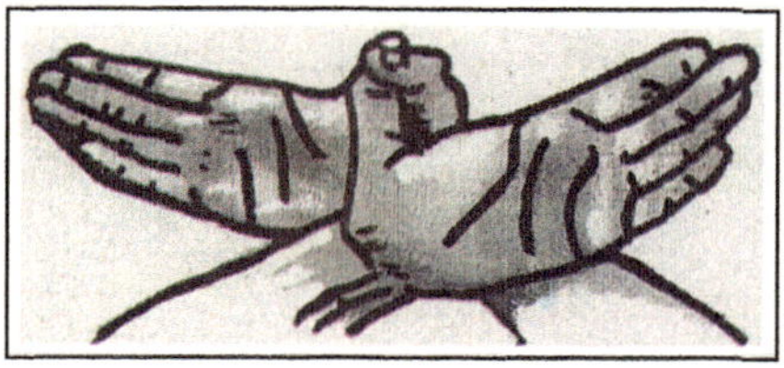

**„Ich werde, was ich wünsche,
ich bin die Ursache dessen, was ich bin.**

**Vor mir leuchtet der Strom des Lebens,
ich sehe der Dinge sich ewig wandelnde Natur.**

Mein tiefinnerliches Auge erwacht, vor mir strahlt ein Tag!

Ein neuer Lebenswind bläst herein.“[11]

und der abschließenden Klangsilbe **A-MN***.

Beginne den neuen Tag mit diesem hochwirksamen Gebet, indem du deine Hände wie oben abgebildet formst und nach hinten und unten - weg von deinem Körper - dehnst, bevor du die Augen aufschlägst.

Lege sie dazu auf deinen Bauch.

Dieses Gebet wird dich ermuntern, ohne dass du an den symbolischen Inhalt der Worte, geschweige denn an die Wirkung von Druckwellen* und Klangsilben* glauben musst.

Sprich:

Ich liebe meine Heilung. Ich bin ich. Ich lebe. Ich liebe mich. und abschließend den ***Plus-Pol*** (**›**) deiner destruktiven Emotion. Fertige zu diesem eine assoziative Gestaltung an (Vgl. S. 118) und bleibe hierbei auf jeden Fall absichtsvoll positiv.

Lege oder befestige dein Brainstorming an einen gut sichtbaren Ort, sodass du es immer wieder bewusst sehen kannst.

Fußnote

11 ‚Die Verwandlung in den siegreichen Lichtfalken', Ägyptisches Buch vom Leben & Tod

Es genügt, wenn du zunächst nur den ersten Satz verwendest.

Tipp: Probiere diese vorgeschlagene Kombination einfach an drei aufeinanderfolgenden Tagen aus. Bei Gefallen: Lerne alle 6 Zeilen auswendig, beginne *jeden* neuen Tag mit diesem Gebet und seiner Garuda-Welle (= *seiner Mudra* *).

Weitere Kraftverstärker der *Befreiung* sind u. a.:

- Beten in Bewegung, Gangmeditationen (Barfußlaufen im Wald, zu Hause ...)
- Joga (der Sonnengruß)
- Akupressur, Akupunktur
- Walking, Trekking, Naturbeobachtungen
- Holotrophes Atmen
- Sexualität (Karma-Mudra)
- Räucherungen, Lagerfeuer

(mit getrocknetem Nadelholz

Kraftverstärker der Heilung

Beginne deinen Tag flüssig
(ca. 1 Liter lang anhaltende/ergiebige, alkoholfreie Flüssigkeit) und höchstens mit einem leichten (Möhren-Apfel-Nüsse-)Salat. Nehme erst nach 2 Stunden feste Nahrung zu dir. Der Körper verdaut nach dem Aufstehen die noch vorhandenen Reserven und benötigt zunächst keine neuen Eiweiße und andere Energielieferanten.

- (Quell-)Wasser *
- Bachblütenessenzen entsprechend deiner momentan gültigen Bedürfnisse
- Kräutertees entsprechend deiner momentan gültigen Bedürfnisse
- Früchtesmoothies (mit Chia-Samen und immer mit Zitrone und Öl)
- Mohrrüben-Äpfel(-Saft und/oder Salat mit kaltgepresstem Oliven-und/oder Leinöl)
- (geröstete) Wallnüsse, Mandeln, Haselnüsse, Zedernnüsse, Kürbiskerne, getrocknete Trauben
- dunkle Schokolade (ohne Zucker), Ingwer
- Kokosnussöl zum ersten Zähneputzen direkt nach dem Aufstehen und zuletzt vor dem Zubettgehen, anschließend: *fluoridfreie* Zahnpasta, abschließend: *fluoridfreies* Zahngel
- Ginko, Schachtelhalm, Ginseng (aus der Phytothek)
- Chlorophyll, Chlorella, Spirulina
- Knoblauch, schwarzer Knoblauch, Safran
- Organischer Schwefel, DMSO (dazu: ‚DMSO für Anfänger' von Vera Sauer)
- AFA-Wakame- und-Nori-Algen, Sango-Koralle

- biodynamische Nahrungsmittel (rotes und grünes, gelbes/weißes Rohkostgemüse oder schonend gegart (z. B. in einem Chrock-Pot), dunkle Bohnen
- Kaffeepeeling mit Öl deiner Bedürfnisse (ganzer Körper)
- kaltes Abduschen (nach jeder warmen Dusche)
- Ölkuren, entsprechend deiner momentan gültigen Bedürfnisse
- Ayurveda-Anwendungen
- Aloe Vera (innerlich und äußerlich)
- monoatonisches weißes Gold, blaues Gold, Painit
- Wein, Hopfen, Hanf
- Pilze (gemäß ihrer Entsprechung roh, eingelegt etc.)
- Fastenkuren
- Fastentage (z. B. montags und donnerstags)
- vegetarische Tage (z. B. freitags), vegane Tage (z. B. sonntags)
- Fußbäder und Fußsalbungen mit Ölen deiner momentanen Bedürfnisse
- Fußreflexzonenmassagen

Geistiges Fasten:

- *kein Zucker (statt dessen z. B. – in Maßen! – Honig)*
- ***Rückzug** aus der täglichen Medien-‚Sündflut' (‚mörderische' Televisionen, Radio, Mobiltelefone, Internet, Nachrichtenprogramme, soziale Medien)*
- *wohltuende, heilende Schriften, Bücher, Filme, Noten*
- *inspirierende Betätigungen und Umfelder, in denen du aufgehst*
- *Walking*
- *(Durch-)Atempausen mit Stretching*
- *Beine hochlegen mit Kopf tiefer liegend, Kopfstand*
- *Kerzenlicht (statt Strom)*
- *Nacktsein*
- *im Logbuch der Wunder schreiben und es gestalten*
- *(ein-)schlafen (auf dem Rücken, mit angewinkelten Beinen und über dem Kopf erhobenen oder zur Seite ausgebreiteten Armen)*
- *Alltagspausen, Ruhephasen (v. a. während der Rekonvaleszenz einer ausgestandenen Krankheit)*

Tipp: warme Fußbäder an kalten Tagen, lauwarme Fußbäder an warmen und heißen Tagen, Fußsalbungen (über Nacht einwirken lassen unter Leinenstoffbahnen), z. B. Hanföl u. a. für die Entgiftung, Zedernholzöl zur Harmonisierung und Beruhigung, Sacha-Inchi-Öl für deine ideale Versorgung mit gesunden Fetten (dazu auch ‚Heilende Öle der Bibel', David Steward).

Kraftverstärker der Wahrheit

- Musik, Klänge* (Holosynch-Technik, gezielte Silent-Subliminals)

Singen, Chanten, Trommeln, Tanzen, Stampfen, Drehen

Reflektiere deine Realität. Sie spiegelt das wider, was du vormals über dich und das Leben allgemein gedacht hast. Deine RE-alität ist das Echo auf deine vorangegangenen Schöpfungen und dient bestenfalls dir *und* anderen zum Segen:

1. Habe ich heute ‚den Tag gepflückt', indem ich ihn genossen habe?

2. Habe ich mein Leben gelobt und glückliche Träume kreiert?

3. War ich innerlich schön (Schönheit innen = Charisma außen!)?

4. Habe ich Gutes zu mir gesagt? Habe ich mir Liebe erwiesen?

5. Habe ich meinen Mitmenschen Liebe gesendet?

6. War ich klar in meinen Absichten und Beweggründen?

7. War ich ein bewusster Kreateur/eine bewusste Kreateurin* ?

Weitere Kraftverstärker der *Wahrheit* sind u. a.:

- Vogelgezwitscher
- der Gesang der Meere und ihrer Bewohner
- Barfußlaufen (am Strand, im Wald, zu Hause)
- bequemes Schuhwerk
- ausreichend Schlaf und Sauerstoff
- Sternenhimmel-Meditationen
(z. B. mithilfe eines Sternenhimmel-Projektors)
- abgedunkelte Thermalbäder
- alle Arbeiten, die dir Vergnügen bereiten (Flow-Situationen)
- Offenheit, Neues ausprobieren, Toleranz, Großzügigkeit

Tipp: Achte auf alle offenen, freundlichen, liebevollen, humorvollen, verständnisreichen Begegnungen deines Tages. Sie sind deine wahren Spiegel. Sie zeigen *eure* Wahrheit. RE-flektiere diesen Tag am Abend, anhand der o. a. 7 Kriterien, halte die großartigsten in deinem Logbuch fest. Sie erweitern deine Wahrnehmung; dein (An-)Nehmen des Wahren: Guten und Schönen.

Kraftverstärker der Liebe

- Lächeln*
- Lachen, Lachjoga

Die Klangsilbe ‚HaHaHaHa', die während des Lachens oder im absichtsvollen Gesungensein hervorgebracht wird, ist eine der wirksamsten Stimuli überhaupt. Sie beeinflusst besonders das Zwergfell und den Solarplexus, somit die Bewegungen der Lunge, gleichfalls andere Menschen. Sie befreit. Bediene dich ihr immer dann, wenn deine gute Stimmung zu sinken droht, sei es auch nur, dass du sie in Gedanken singst - dein Atem folgt immer (!) deinen mentalen und emotionalen Ausführungen, so auch, wenn du dir ‚HaHaHaHa' lediglich vorstellst. Probiere ‚HaHaHaHa' einfach mal aus!

Tipp: Das Ta(r)o der Liebe: Bediene dich – auch ohne Vorkenntnisse, aber mit viel Offenheit!! – eines Tarot* -Karten-Decks deiner freien Auswahl (z. B. *Tarot-Illuminati, Traumerbe-Tarot, Märchen-Tarot, Crowley-Tarot*). Konzentriere dich auf die 22 Großen Karten (0 – XXI / 0 – 21). Suche dir aus den **offenen** Kartenbildern ein Bild aus, das dir spontan besonders gut gefällt. Kreiere zu diesem Bild ein assoziatives Brainstorming (Vgl. S. 118). Bleibe dabei absichtsvoll positiv.

Das Bild gibt dir solcherart einen aktuellen Spiegel deiner gegenwärtig optimalen Potenz.

Weitere Kraftverstärker der *Liebe* sind u. a.:

- Berührungen (Umarmungen, Streicheln, Küssen, Kuscheln, Kraulen, Reden)
- Snoezelenräume
- Massagen, Sexualität
- Lichttherapie
- Freundschaft mit Tieren, Tiertherapie
- Krafttiere, Totems, Totemsuche
- Selbstachtung, Selbstvergebung, Selbsthingabe
- Selbstvertrauen/Gottvertrauen
- Eigenmacht/Selbstverantwortung
- Mitgefühl
- Metta-Meditationen
- Tao* der Liebe (Slow-Sex, Tantra, Flow-Sex)

Tipps zur *Handhabung* der Kraftverstärker

Die 7 Kraftverstärker und ihre diversen Mittel greifen wie Zahnräder ineinander. Sie können im Abgleich mit den Jahreszeiten und den jeweiligen Wetterlagen wöchentlich oder monatlich neu zusammengestellt werden, indem du dir z. B. sonntags oder montags eine Art Veranstaltungsplan zurechtlegst. Dieser kann beispielhaft für die mitteleuropäische Wintersaison so aussehen:

Woche *von : ______ bis: ______*	*Kraftverstärker* *Motto*	*Zaubermittel*
Montag	*Besinnung*	*Sauna, Aromatherapie*
Dienstag	*Schönheit*	*Farbmeditation, Basteln*
Mittwoch	*Kommunikation*	*Theater*
Donnerstag	*Befreiung*	*Räucherung, Joga*
Freitag	*Heilung*	*Logbuch gestalten, Fasten*
Samstag	*Wahrheit*	*Tanzen*
Sonntag	*Liebe*	*Massage, Solarium*

Viele Kraftverstärker lassen sich auch täglich anwenden (z. B. die Reflexion anhand der 7 Kriterien der Wahrheit auf Seite 124), statt lediglich an einem geplanten Tag.

Reflektiere am Ende einer jeden Woche – besonders *nach* deinen ersten vier Wochen im Zauberwald – welche Kraftverstärker in deinem Leben eine größere Etablierung benötigen, weil ihnen gegenüber ein Ungleichgewicht in deinem momentanen Leben besteht. **Ein Ungleichgewicht erkennst du an Gefühlen, die deinen natürlichen Kräften im Weg stehen, z. B. *Stress vs. Besinnung*, *Zwang vs. Befreiung* oder *Einsamkeit vs. Kommunikation* usw.**

Erforsche jeden Tag oder wenigstens einmal wöchentlich ein Kraftverstärker-Mittel, das dir mehr oder weniger unbekannt ist. Sollte es sich als für dich nützlich erweisen, **gebe dein darüber erworbenes Wissen an andere weiter.**

Sei offen und neugierig, wohin die vielversprechenden Methoden der Kraftverstärker dich führen werden!

Gebe deinen wertvollen Lebenstagen ein Motto, nach dem du entsprechend handelst. Das hier für jeden Wochentag vorgeschlagene Motto wirkt an den genannten Tagen besonders gut (wie z. B. Fasten am Montag, Donnerstag und/oder Freitag unter dem möglichen Motto ‚Besinnung', ‚Befreiung', ‚Heilung').

Ebenso besteht die Möglichkeit, eine ganze Woche unter ein und dasselbe Motto zu stellen und jeden Tag möglichst bewusst danach zu handeln.

Zauberwald - Lexikon

A-MN: (babylonisch, altägyptisch), christianisiert: AMEN, Sanskrit: SIM, So-HAM, kulturübergreifend: MN - M(A)N, M(A)N(ES), M(A)N(ITU), M(A)N(A), M(I)N[12], aber auch dt.: a(t)m(e)n, Sanskrit: A(T)M(A)N:
*Atem, das höchste Selbst, unzerstörbare Essenz, Seele**, Klangsilbe*, die den Erdresonanzen entspricht (während das ebenso wirksame wie neutrale OM/AUMG den Sonnenresonanzen gerecht wird), so im menschlichen Körper wirkt und dort gezielt hervorgerufen werden kann

- Basis: Vokal **A**, weit geöffnet gesungen, Konsonanten-Silbe **MN**, kraftvoll gesummt gesungen, mit Konzentration auf den Scheitelpunkt des Kopfes

- ruft simultane/effektive Erd-(Materie)-Resonanzen und deren Ergebnisse v. a. im Gehirn und hier in der Zirbeldrüse* hervor

- Bedeutung/Inhalt aramäisch: ‚für wahr befunden (als wahr anerkannt)'

- *Sich wie ein ‚armer Sünder' o. Ä. zu fühlen bzw. dieses Gefühl zuzulassen und es mit einem ‚AMEN' zu beschließen, verursacht Leid.*

- *Die weibliche Macht der Schöpferkraft (Ying, Omega, Magnetismus etc.) zu unterdrücken, führt ebenso zu Leid. Das AMEN (altägyptisch (A)MN: ‚Das große Urmeer') ist neutral wie die Sonne und verwirklicht, was du fühlst, auch mit einem eingeschränkten Bewusstsein.*

Fußnote:

12 Vgl. dazu näher ausführend: Paul Hengge: ‚Es steht in der Bibel: Auch Adam hatte eine Mutter BIBELKORREKTUR 1 AT', S. 195 ff, Archiv Olga Hengge-Plüss, 1999, ISBN 3-8311-1148-0

Beten, Gebet:
die richtige Aussprache: ‚Gebet!/Gebe!' des Althochdeutschen wirkt im Sinne der Liebe, auf der Grundlage deiner dir von Gott*, auch Genius* gegebenen Gaben, Talente und Fähigkeiten.

Du empfängst, was dir gegeben ist, indem du es weitergibst, zuerst durch Liebe.

„Um alles, was du bittest, im Geben deiner Gaben, Talente und Fähigkeiten, wenn du glaubst und nicht zweifelst, wirst du es empfangen."
(*Die Rückkehr in den Zauberwald*, Bd. 2)

Zweifle nicht an deiner Liebe zu dir und deinen Mitwesen und an deinen Gaben, Talenten und Fähigkeiten und jede deiner Bitten wird erfüllt! Die Wirksamkeit von Gebeten ist unzweifelhaft und vollkommen unabhängig von jeglichen Konfessionen und religiösen Einrichtungen

Christos:
altägyptisch *Kreuste*, christianisiert *Christus* – schöpferisches, kreatürliches Sonnen-Licht, Lebensgestalter/in, Kreateur/Kreateurin, Kreation

Devas:
die Gott dienenden Götter, Halbgötter, die Leuchtenden, Naturgeister (Gott*)

Druckwellen
(Sanskrit: *Mudras:* ‚Siegel'): durch gezielte an den Energieknotenpunkten der Hände ausgeübte Akupressur, die nach ca. 60 Sekunden neuronale Veränderungen in der Psyche des Körpers auslöst

Fisch: dazu **Seele**

Geist:
von der Seele abgespaltener, metaphorischer ‚Ort' des Fühlens und Denkens, der dennoch (mehr oder weniger bewusst) immer mit der Seele in Verbindung steht, Psyche (dazu auch **Seele**)

Genius:
(lat. *Genii manes*: Ahnengeister, Anlagen, Begabungen), daraus hervorgehend *Genetik*, eine von Johann Wolfgang Goethe (wieder) aufgegriffene Wortwendung, *Genie:* erzeugende Kraft, dazu auch A-MN*, Gott*, Seele*, Wasser*

Gott:
altind. *Deva*, lat. *Deus*: Strahlung, Erscheinung, ur-indogermanische Wortwurzel: *ghen = gießen*, in der gotischen Form abgekürzt als gps:

- die zu einem einzigen Supra-Bewusstsein gebündelte Energie kosmischer (geordneter) Kräfte (Devas/'Naturgeister')

- das unsichtbare Feld, das alle Informationen der Welt enthält (im Vergleich z. B. zum menschlichen Bewusstsein, das nur über einen Bruchteil der göttlichen Energie verfügt)

- ruft Strahlungsmengen (Elektrizität & Magnetismus) hervor

▪ eine durch ihre zusammenwirkenden Strahlungsmengen neutrale Kraft (Alpha & Omega, 0 & 1, Ying & Yang, feminin & maskulin, Mond & Sonne etc.)

▪ beruht auf Teilchenaustausch, sodass eines aus dem anderen hervorgeht (z. B. Co^2/ O^2)

▪ führt sich immer wieder in sich selbst zurück und bildet sich gleichzeitig fortwährend neu

▪ beruht auf dem Prinzip der Erschaffung aus der einen Substanz (Supra-Bewusstsein), die alles durchdringt und gleichzeitig die Substanz (Gott*) ist, formt solcherart Schleifen (Bewusstseins-,Schlangen')

▪ bildet ein für die menschliche Wahrnehmung unsichtbares Netzwerk miteinander verknüpfter Wellen und Teilchen, die im äußerlich sichtbaren Bereich den (periodischen und aperiodischen) Schwingungskreisen eines Gehirns und gleichzeitig den Weiten des Alls entsprechen

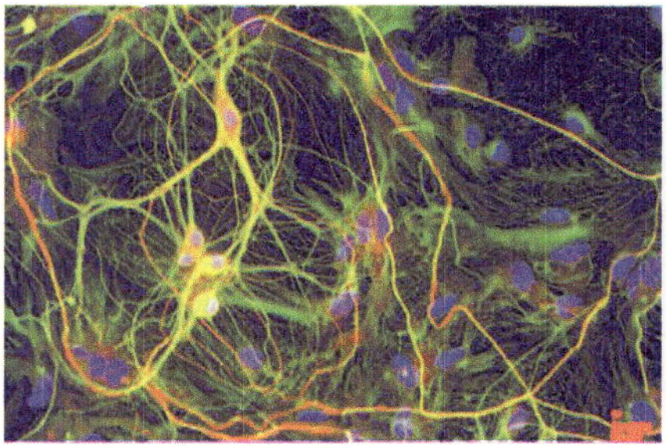

Neuronales Netzwerk einer Maus
(Vgl. Institut für Zelltechnologie e.V.)

Weltraumaufnahme

▪ Trägerfrequenz: Licht, Sonnenenergie (Ursubstanz: Wasserstoff, lat.: Hydrogenium/ Genius*: *Wassererzeuger*), Trägersequenz: Wasser*

▪ bildet in sich multidimensionale Mikro-Netzwerke (Miniaturausgaben seiner Selbst, die (unabhängig ihrer organischen und anorganischen Beschaffenheit) universal gültig auf der Grundlage von 7 kosmischen Gesetzmäßigkeiten/Hauptkräften (Devas*) wirken

▪ Mechanismus: (Quanten-)physikalische (All-)Gesetzmäßigkeiten (Weltall, Alleinheit, Universum), die freibewegliches, wandelbares Bewusstsein erschaffen und nicht an den festen Aggregatzustand (Materie) gebunden sind, sondern gleichzeitig in vielen Formen auftreten, Grundform: zweifache (gasförmige und flüssige) Spirale

Klänge:
Frequenzen des Vorbewusstseins:

▪ Grundlage aller Erscheinungen, gehen Verbindungen mit Düften, Tönen, Farben und Formen (Synästhesie) ein

▪ bilden im *bewussten* Einsatz ihrer Wirkung Heilung heraus (dazu z. B. die Forschungen von Jonathan Goldman)

▪ das ‚Salz des Lebens' (dazu auch Wasser/ Zellwasser*)

Klangsilben
(Sanskrit *Mantras*: ‚Das, was über das Denken hinausgeht'): senden gezielt, auf der Grundlage der physikalischen Gesetzmäßigkeiten des Schalls, in der chemischen Verbindung mit Sauerstoff, Vibrationswellen durch den Körper, erregen die als Flüssigkeitskristallhalbleiter fungierenden Zellmembranen, wobei die verschiedenen Töne der zusammenwirkenden Konsonanten im Verbund mit ihren Vokalen verschieden wirksame Nervenimpulse hervorrufen, dazu auch **A-MN***

Kreatur, Kreateurin/Kreateur:
siehe Christos

Lächeln:
das von den ca. 10 000 unterschiedlichen Mimiken des Menschen konstruktivste Mittel (abgesehen von Lachen) zur Anhebung der Stimmung, sowohl für die eigene Person als auch für andere

▪ ist (ehrlich geäußert, ohne Spott) ansteckend, weckt Empathie

▪ entwickelt die Identität, ein positives Identitätsgefühl

▪ entstresst, stärkt das Immunsystem, beugt Depressionen vor, strafft lästige Fältchen, bringt gegenseitige Schönheit hervor

▪ lockert Spannungen, vertieft die Atmung, steigert die Konzentration

▪ wirkt ohne Grund, auch ‚künstlich' herbeigeführt

Tipp: mehrmals täglich für 60 Sekunden die Mundwinkel nach oben ziehen, Situationen, in denen du auf etwas warten musst, nutzen: langsam bis 60 zählen und dabei geduldig lächeln, stimuliert mithilfe der Gesichtsmuskeln die Glücks- und Optimismus-Zentralen des Gehirns, dazu auch **Kraftverstärker der Besinnung**, S. 115)

<u>Meer, das:</u> idg. *mari,* lat. *mare*, germ. *marja*, Wurzel des altisraelischen Namens *Mirjam/Maria/Mara*, arab. *Maya*, gleichzusetzen mit *Quelle, Fluss, See*, in der Philosophie des Joga *Schein, Illusion*, ‚formgebende Existenz' (www.vedanta-yoga.de/maya-kraft-des-scheins-das-große-mysterium/), Mutterschoß der Informationsempfängnis- und Übertragung, Gefäß, Assimilat und Reflektor des Sonnenlichtes und der Wahrnehmung der inneren Stimme (dazu auch Wasser*)

Mara, das Meer als Symbol der inneren Macht [13]

<u>Musik:</u> siehe **Klänge**

<u>Schiff:</u> siehe Seele

<u>Seele:</u>

spezifisches, wachsendes, von Gott* erschaffenes, elektrodynamisches, bipolares (YING & YANG) Feld der Alleinheit, das freibewegliche Verbindungen gleicher und ähnlicher Art eingeht und immer eingehen wird

- Bestandteil des Urmeers (dazu auch Wasser*)
- individuelle Photonenenergie der Sonne (‚Jedem Menschen gehört ein Sonnenstrahl' (JHW)' – *Die Rückkehr in den Zauberwald*, Bd. 3)
- metaphorischer Fisch, der in seinem eigenen Lebenssaft/elektrolytischem Wasser schwimmt und gleichzeitig in Gott*
- metaphorisches Schiff/Sonnenbarke, mithilfe derer der Mensch durch den Strom/die Wasser des Lebens navigiert: Fisch* (Schiff* rückwärts lesen!)
- reagiert auf alles, was du als wahr anerkennst/für wahr nimmst und verwirklicht es dementsprechend

<u>*Fußnote:*</u>

13 *Sandro Botticelli: ‚Die Geburt der Venus', ca. 1486, Uffizien, Florenz*

Selbst, das: auf der Grundlage seiner spezifischen Seelenfamilie, deren Gaben, Talente und Fähigkeiten sich selbst und andere durchdringendes, stetig erweiterndes, bipolares Energiespektrum, multidimensionales Sein

- höheres Selbst: dazu Schiff*
- höchstes Selbst, Henoch (Vgl. S. 140) – großes Ich, Fisch*

Tao:
(chinesisch *Dáo*: Band, Weg, Pfad) siehe **Gott, Genius**

Tarot: siehe **Tao**

Wasser:
Biophotonenmedium (Überträger) des Lebens:

- besteht aus elektromagnetischen Wellen und Teilchen, deren Pluspol (Sauerstoffatome) und Minuspol (Wasserstoffatome) sich gegenseitig überlagern und durchdringen (dazu auch Gott*, Genius*)

- wird gleichzeitig nach unten (Zentrifugalkraft) und gleichzeitig nach oben (Zentripetalkraft) gezogen

- Levitationskraft (zentripetale Energie), die nicht an die Erdgravitation gebunden ist

- programmierbar (dazu z. B. die Forschungsergebnisse von Masaru Emoto, Alexander Lauterwasser, Ernest Florens Friedrich Chladny, Hans Jenny)

> **Filmtipp:** ‚Water - Die geheime Macht des Wasser' auf YouTube! (deutsch und englisch),
>
> 'Informiertes Wasser als Strukturvoraussetzung der Zellfunktionen' Dr. Ulrich Warnke

- metaphorisch: Symbol des fließenden Seele-Geist-Wesens, das den größten Teil des Lebens (u. a.) des Menschen ausmacht (dazu auch **Geist**)

Der Mensch besteht zu 70 - 95 %, das menschliche Gehirn zu 85 % aus Wasser

In eine Form gegossenes Wasser passt sich dieser Form an, bleibt in sich selbst jedoch wandelbar und multidimensional - zu Eis kristallisiert sprengt es die Form, gasförmig steigt es auf, wie auch der Mensch.

Quellwasser:
Wasser mit dem höchsten und reinsten Mineraliengehalt zur Speicherung und Weiterleitung von elektromagnetischen Informationen (Klängen)

Zellwasser:
gelartige Kristallhalbleiterflüssigkeit, deren Salzgehalt der höchsten Ordnung des Urmeers (siehe **Seele**) entspricht:

- Turbinenkraft (magnetische bzw. zentrifugale Energie), die über elektromagnetische Signale (Klänge, Formen/Bilder, Gefühle, Gedanken) den Herzmuskel antreibt

- bewegt sich spiralförmig im Gleichklang mit dem formbaren Strom der DNS (zweifache Spirale, dazu auch **Seele**)

▪ perfekte geometrische Anordnung zum Aufnehmen, Speichern und Weiterleiten von Informationen (Klängen und ihrer Fraktale/ Farbformen und Düfte)

▪ programmierbar über die inhärenten Elektrolyte (Mineralien, dazu **Quellwasser**), die elektrischen Strom weiterleiten, abhängig von der geistigen und stofflichen Nahrung des Trägers

▪ Makromoleküle in Tetraederform, deren Zusammenschluss zu einer Vierer-Gruppierung eine perfekte Pyramidenform ergeben, die u.a. der großen in Gizeh entspricht:

(Quelle u.a.: www.Wasserklinikum.com)

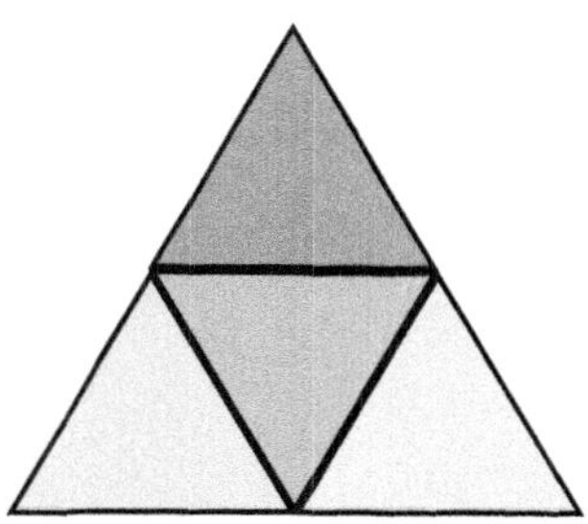

Pyramidenform eines Wassermoleküls

Zwirbeldrüse
(althochdt.), Zirbeldrüse (neuhochdt.): zuständig für die Melatonin (Schlaf)-Serotonin(Glücks)-DMT(Traumreisen/Medialität)-Hormonproduktion im Zentralnervensystem des Gehirns, im Abschnitt der Sehnervenkreuzung

▪ entfaltet Wirkung mithilfe der physikalischen Energie sowohl von Zentrifugal- als auch Zentripetal-Kraft (= Energie-Z(w)irbel) im Gehirnwasser, Rückenmark, Korpus

▪ vom französischen Philosophen, Mathematiker und Naturwissenschaftler René Descartes als ‚Sitz der Seele' gekennzeichnet, genauer bezeichnet: Verbindungszentrale zur Seele*

▪ v. a. auf menschlicher Ebene (noch) überwiegend beschränkt auf die Tiefschlafphasen (Melatoninüberschuss / Zentripetalkraft), aber auch während überschwänglicher Glücksmomente/Flow-Situationen (Serotoninüberschuss/Zentrifugal-und Zentripetalkraft) und intuitiver oder medialer Erlebnisse (DMT-Überschuss /Zentripetalkraft)

▪ organischer Sitz des ‚Dritten Auges', das die Verbindung zum Selbst* (Seele*) und zum höchsten Selbst (Gott*) gewährleistet, altägyptisch: UDJAT-AUGE (Auge des Horus/ ‚Siegesfalken des Lichtes')

▪ bei voller Funktionsfähigkeit Motor der Antriebs-Willens- und Schöpfungskraft, Lebensfreude, Vitalität, Jugend, Freiheit, Schönheit und Traumverwirklichung

Tipp: Die Funktion der Zwirbeldrüse/ Zirbeldrüse lässt sich durch **alle Kraftverstärker** ankurbeln und zusätzlich vor dem Schlafengehen (1 - 3x wöchentlich):

1. Lavendeltee oder naturreines Lavendelaroma (aus der Phytothek) in Quellwasser trinken

2. Waschungen mit **Lava-Erde**, danach auf der nassen (!) Haut Einreibungen (Kopf bis Zehen) mit (z. B.) Kokosnussöl

3. Lavendelöl sanft kreisend auf die Schläfen reiben

4. in völliger Dunkelheit, bei abgeschalteten Mobil- und Televisionsgeräten, am besten nackt einschlafen

Öffne dich dem Licht, das aus der Dunkelheit fließt; DEINEN wahren Träumen!

Traumreise-Potenziale

Grundlage	Potenziale
Der Boden *Auf welcher Grundlage gedeiht meine materielle Verwirklichung derzeit am besten?*	**weicher Sand:** Selbstverantwortung, Bereitschaft für größere Aufgaben, Zuversicht **grüne Ebene:** selbstbestimmtes Auftreten, Überzeugungswillen, Inspiration **hügelige Täler:** Kreativität, Neugier, Enthusiasmus **felsiges Gebirge:** Tatkraft, Instinktsicherheit, Entschlossenheit
Die Geräusche/Klänge *Wodurch verwirklichen sich meine beruflichen Vorstellungen derzeit am besten?*	**Wasserrauschen, Regen:** klarer Verstand, Souveränität, Befreiung aus Abhängigkeiten, beratende oder vermittelnde Tätigkeit **starker Wind, Sturm:** Dynamik, Zielstrebigkeit, Kontakte knüpfen, strategische, kaufmännische, analytische Tätigkeiten **Windrauschen in Bäumen:** Wendigkeit, Esprit, Auseinandersetzung mit alten Denkmustern, Konfliktmanagement, helfende oder heilende Tätigkeiten **Tiere:** Intuition, Inspiration, Wortgewandtheit, Schlagfertigkeit, Leichtigkeit, Unabhängigkeit, animierende oder forschende Tätigkeiten

Der Himmel *Wie gedeiht mein Gefühls- und Beziehungsleben derzeit am besten?*	**Nachthimmel:** Gefühlstiefe, Hingabe, Vertrauen, Treue, Seelenpartnerschaft **klarer, blauer Himmel:** emotionale Offenheit, Gefühlsreichtum, Natürlichkeit **Wolkenhimmel:** Romantik, Muse, Verführung, Innenschau, sanfte Annäherung, Lösung aus alten Beziehungen, Sehnsucht nach Neuem **Niederschläge:** Herzlichkeit, geistige Stärke, Mitgefühl, Einfühlungsvermögen, bereichernder Austausch, Kommunikation
Der Duft *Was unterstützt meine körperliche und geistige Gesundheit derzeit am besten?*	**salzige Meeresluft:** Vertrauen in die natürlichen Lebenszyklen und in die innere Stimme **Regenduft:** Verantwortung für den eigenen Körper und dessen Gesundheit, Körperbewusstsein **herbe Gebirgsluft, Wald:** Naturverbundenheit, ökologisches Bewusstsein, Ernährungsbewusstsein **blumiger, fruchtiger Duft:** sinnliche Nähe, Körperkontakt, Sport

Die Tiere deiner Traumlandschaft – sofern sie sich denn zeigen – können anhand von Krafttier-Informationen im Internet und/oder in entsprechenden Büchern näher entschlüsselt werden.

Der überwiegende Duft deiner Traumlandschaft lässt sich mit dem Duft deines gewählten Zauberwaldbilds kombinieren, ebenso mit solchen Düften, die du in deinem Leben derzeitig persönlich bevorzugst z. B. als Raumluft, als Parfum oder innerhalb der Aromatherapie.
Auch über die Bedeutung von Düften lässt sich noch einiges mehr in Erfahrung bringen als hier aufgelistet.

Die Komponenten deiner Traumlandschaft sind Variablen, die häufig als Mischformen auftreten. Die Tabelle zeigt lediglich ihre hauptsächlichen Qualitäten, welche die Erfüllung deiner Herzenswünsche jedoch sehr positiv beeinflussen können.

Der zyklische Rhythmus der Zauberwaldreise

Schnittpunkte- bzw. markante Wechsel
Die Zeitpunkte der stärksten Bewusstseinssprünge:

Reisewoche 4 (Ent-Wicklungsmonat 0): Schnittpunkt 1 ☑

Reisewoche 16 (Ent-Wicklungsmonat 3): Schnittpunkt 2 im Kalender eintragen: ☐

Reisewoche 28 (Ent-Wicklungsmonat 6): Schnittpunkt 3 Kalender: ☐

Reisewoche 40 (Ent-Wicklungsmonat 9): Schnittpunkt 4 … ☐

und in der gegebenen Woche deinen Wachstumsstand prüfen:

Die Phasenwechsel bzw. entscheidenden Umbrüche schwanken individuell und können lediglich als Orientierungspunkte dienen, die zu beobachten jedoch lohnenswert ist.

Reisewoche 4: vom ____________________ bis ____________________

Reisewoche 16: vom ____________________ bis ____________________

Reisewoche 28: vom ____________________ bis ____________________

Reisewoche 40: vom ____________________ bis ____________________

Schau auf die Bilder, die sich zwischen 3 und 21 Tagen um diese Schnittpunkte herum in deinem Leben zeigen, *bestenfalls mitten im Alltagsgeschehen. Sie ziehen sozusagen konzentrische Kreise, die spätestens vor und nach dem 3. Tag des jeweiligen Schnittpunkts immer kraftvoller werden.*

Empfohlene ‚Reise'-Lektüre

‚Ein Kurs in Wundern', Greuthof

‚L.A.S.E.R Fokus', Sjard Roscher

‚Mit einem Schlag', Dr. Jill B. Taylor

‚Das denkende Universum', Christian Fülling

‚Das bewusste Universum', Prof. Amit Goswami

‚Die geheime Macht der Psyche', Dr. Ulrich Warnke

‚Krankheit als Sprache der Seele', Dr. Rüdiger Dahlke

‚Tierkommunikation mit Gänsehaut', Amelia Kinkade

‚Wir sind nicht getrennt vom Himmel', Philip L. Berman

‚Wenn die Dunkelheit ein Ende findet', Dr. Michael Nahm

‚Einführung in EIN KURS IN WUNDERN', Dr. Kenneth Wapnick

‚Augenreise' (für jüngere und große Kinder), Prof. Dr. Wilfried Bütow

‚Im Tod das Leben: Gottesbeweis in der Nahtod-Erfahrung', P.M.H. Atwater

‚Das geheime Leben der Bäume', **‚Das geheime Leben der Tiere'**, Peter Wohlleben

… Ergänze diese Liste, indem du deine persönlichen Literaturempfehlungen an interessierte Menschen, die mit dir im Zauberwald reisen, weitergibst!

Die Auflösung des Glücksrätsels 1

Wo befindet sich der Zauberwald ?

Im wertvollsten, weil einzigen Hab & Gut der Welt:

in deinem Selbst,
das jeglichem Engpass standhält,
in jeder Sackgasse geduldig auf dich wartet,
ausgestattet mit
der einzigartigen Kombination
deiner Gaben, Talente und Fähigkeiten,

welche die Werkzeuge sind,
mithilfe derer
du alle deine Lebensaufgaben meistern
und deine Bestimmung erfüllen kannst,

in deinem Selbst, das,
ganz genauso wie die Wasser des Meeres,
in und außerhalb von dir ist.

Das Geheimnis des Lebens
ist nicht im Weltraum,
sondern im
Meer*.

Die Auflösung des Glücksrätsels 2

Werdet wieder wie die Kinder! Spielt, lacht und tanzt, wie es am alten Ägypten Gang und Gäbe wahr, aber vergesst eure göttlichen Quellenenergien nicht mehr, achtet und ehrt das Leben, das euch nährt!

Gezeichnet von Fatma A., 12 Jahre, 13.07.2017

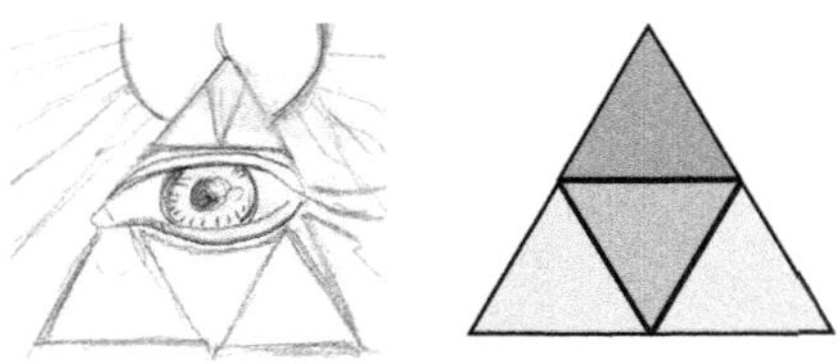

H2O-Ichthys: Leben-Gott-Mensch-Schöpfer-Christos*

Henoch - höchstes Selbst*

Sei das Licht, das über allem ist,
sei das Uni-Versum /die Einheit!
Das Universum ist aus dir heraus gekommen
und das Universum ist zu dir gelangt.

Spaltet einen Holzscheit: Ich bin dort!
Hebt einen Stein hoch, und ihr werdet mich dort finden![15]
Es ist geschehen.
Ich bin das Alpha und das Omega, der Anfang und das Ende
und will dem Durstigen geben von dem Brunnen
des lebendigen Wassers
umsonst.[16]

Auf beiden Seiten dieses Stromes mitten auf der Gasse ein Baum des Lebens,
der trägt zwölfmal Früchte und bringt seine Früchte alle Monde,
und die Blätter des Baumes dienen zur Heilung der Völker.[17]

Wen dürstet, der komme und wer da will,
der nehme die Wasser des Lebens
umsonst.[18]

Fußnote: 15: Evangelium nach Thomas, 77 16: Offenbarung, 21,5
17: Ebd., 22,2 18: Ebd., 22,17

Das Geheimnis des Lebens ist nicht

DAS GEHEIMNIS DES LEBENS
IST
nicht im Außen,
sondern im Meer des Inneren
ZU FINDEN

Diese Quelle
HIER IN DIR
sagt
ICH BIN
LIEBE *und* LIEBE
ist
meine Quelle von allem
WAS DU IN MIR BIST

Meine Liebe lebt, ist lebendig; spricht:
Ich entdecke und entwickele mich,
lerne und wachse,
spiele, lache, weine,
verkörpere Hoffnungen und Träume,
Ich teile und verändere mich;
sterbe und werde innerlich
neu geboren

ICH BIN
in jeder Vergänglichkeit
das Tor zum Leben
EWIGLICH
das Leben selbst

ICH BIN ICH.
SIEHST DU MICH,
ERKENNST DU DICH.

So wie du nach außen schaust, so schaust du auch nach INNEN.
Du siehst, was du suchst, denn was du suchst, wirst du finden... „Ein Kurs in Wundern"

Übersicht der ersten 4 Wochen im Zauberwald

Gesamt = ungefähre Hochrechnung der wöchentlichen Dauer des Bewusstseinstrainings
Verwendete Abkürzung: **Aufzng.** = deine persönlichen Zauberwald-Aufzeichnungen mit ihren vorgegebenen Seitenzahlen, die du vor Beginn jedes neuen Schritts bereitlegst

Zauberwaldhain 1 Woche 1

gesamt: ca. 2. Std., ab Seite 22

Zauberschritt	Reisetag	Zauberdauer	Navigations-Instrumente
Schritt 1 (S. 23)	1 - 3	ca. 30 Minuten	Papier, Stift, Alarm
Schritt 2 (S. 28)	4 - 6	ca. 60 Minuten	Aufzng. S. 1 - 3, A4-Schönschreibpapier/ Stift, Alarm, (Quell-) Wasser
Schritt 3 (S. 33)	7	ca. 20 Minuten	Aufzng. S. 4 - 6, (Quell-)Wasser, Textmarker, Alarm, A4-Schönschreibpapier/ Stift

Zauberwaldhain 2 Woche 2

gesamt: ca. 1. Std., ab Seite 37

Zauberschritt	Reisetag	Zauberdauer	Navigations-Instrumente
Schritt 1 (S. 37)	8	freie Einteilung	Aufzng. S. 4 - 7, A4-Schönschreibpapier/ Stift
Schritt 2 (S. 40)	9 - 14	freie Einteilung	Aufzng. S. 8 - 10, A4-Schönschreibpapier/ Stift, Lichtblicke (ab S. 41)
Schritt 3 (S. 54)	15 - 17	ca. 15 Minuten	‚Lagunen' (ab S. 69) Zauberwaldbild (ab S. 70) Bild-Ausspielungen (S. 82)

Zauberwaldhain 3 Woche 3

gesamt: ca. 1. Std., ab Seite 86

Zauberschritt	Reisetag	Zauberdauer	Navigations-Instrumente
Schritt 1 (S. 88)	18	ca. 30 Minuten	Aufzng. S. 8 - 10, Textmarker, Alarm, A4-Schönschreibpapier/Stift
Schritt 2 (S. 90)	19 - 21	freie Einteilung	Aufzng. S. 8 - 11, Lichtblicke (z. B. ab S. 41) Navigationsbrüche (S. 91) *Logbuch der Wunder* (S. 92)
Schritt 3 (S. 93)	22	ca. 15 Minuten	Aufzng. S. 11, Textmarker, Alarm, A4-Schönschreibpapier und /oder *Logbuch der Wunder*, Schönschreibstift

Deine Reise zu dir ab Woche 4

ab Seite 96

Zauberschritt	ab Reisetag 22	Zauberdauer	Navigations-Instrumente
Schritt 1 (S. 97)	an einem Tag	ca. 15 Minuten	Aufzng. S. 7 - 12, Ruhe
Schritt 2 (S. 98)	an einem Tag	5 – 10 Minuten	Zauberwaldbild (Tabelle Seite 82)
Schritt 3 (S. 99)	innerhalb von 7 aufeinander-folgenden Tagen	freie Einteilung	Aufzng. S. 12, alle Aufzng., A4-Schönschreibpapier und /oder *Logbuch der Wunder*, Stift, Aufzng. 13

Öffne dich dem Licht, das aus der Dunkelheit fließt,
DEINEN WAHREN TRÄUMEN! -
Das Geheimnis des Lebens ist nicht im Weltraum,
sondern im Meer.

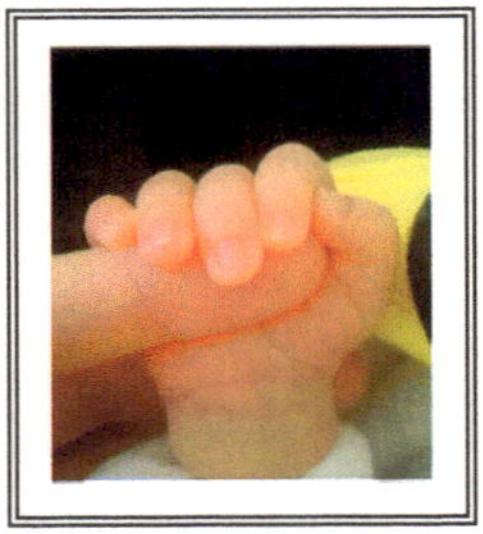

DANKSAGUNG UND PROLOG

„Dies über alles: Sei dir selber treu! Und daraus folgt, sowie die Nacht dem Tage, du kannst nicht falsch sein gegen irgendwen."

(William Shakespeare: ‚Hamlet')

Die Verfasser dieses bedeutungsschwangeren Büchleins danken allen Glückskindern, die den Zauberwald in sich selbst erkennen und in den Reichtum ihrer Individualität eintauchen.

Tragt ihn weiter!

„O Wunder! Wie viele feine Geschöpfe gibt es hier!
Wie schön ist das menschliche Geschlecht!
O schöne neue Welt, die solche Leute hat!"

(William Shakespeare: ‚Der Sturm', letzter Akt)

Mighty&LunaBlue-LighthouseFamily,
Germany, Berlin (Stadt der Märchenhütten)
im Dezember 2017

DAS LEBEN, EIN GLÜCKLICHER TRAUM

durch

Die Rückkehr in den Zauberwald

Die Rückkehr in den Zauberwald
~ meine Wunder ~

MIX
Papier aus verantwortungsvollen Quellen
Paper from responsible sources
FSC® C105338